Hübner | Pfeiffer

Suppen

ppe mit Suppenklößchen Blumenkohl-Suppe Brennnessel-Suppe

räuter-Suppe Kerbel-Suppe Tomaten-Suppe

el-Hafer-Suppe Sauerampfer-Suppe mit Gerstenschrot

-Suppe Grüne Bohnen-Suppe mit Buchweizen

chrot-Suppe Hirsewasser-Gemüse-Suppe

uppe Thymian-Gerstenschrot-Suppe

ppe mit Hirsefeinschrot Tomaten-Suppe mit Gersten- oder Weizenfeinschrot

schrot Kürbis-Suppe Brot-Suppe

en-Suppe Curry-Suppe mit Hirsefeinschrot und Äpfeln

eröstete Grieß-Suppe Ingwer-Suppe Thermo-Roggenmehl-Suppe

f mit Gersten- oder Grünkerngrütze

ngrütze-Eintopf mit Gemüse Reis-Eintopf mit Gemüse Mais-Eintopf

e-Eintopf (Borschtsch) Apfel- oder Rhabarber-Brot-Suppe

ı-Suppe Birnen-Suppe Apfel-Suppe

Suppen

Vegetarische Köstlichkeiten aus der feinen Würzküche

Nach Rezepten von Barbara Hübner

Arrangements und Fotos
von Ulrike und Jürgen Pfeiffer

Verlag Freies Geistesleben

Die Rezepte dieses Buches sind dem 1983 erschienen Buch *Aus Barbara Hübners feiner Würzküche: Gerichte mit Getreide, Frühstücks- und Abendgerichte, Suppen und Nachspeisen* entnommen.
Rezepte und Texte: Barbara Hübner unter Mitarbeit von Irmgard Kranich und Emil Fischer.

1. Auflage 2010
Verlag Freies Geistesleben
Landhausstraße 82, 70190 Stuttgart
www.geistesleben.com

ISBN 978-3-7725-2523-0

Fotokonzept / Styling / Fotos:
Ulrike & Jürgen Pfeiffer – www.pfeiffers-online.de
Umschlag & Layout: Maria A. Kafitz
Satz: Bianca Bonfert
Druck: Egedsa, Sabadell / Printed in Spain

Inhalt

Zu diesem Buch

Vorwort

Suppen haben eine lange Tradition beim Essen. Zum einen sind sie Bestandteil eines mehrgängigen Menüs, zum anderen haben sie ihren Platz als eigenständige kleine Mahlzeit oder Zwischenmahlzeit. Dabei kennen viele Menschen die Suppe nur noch aus der Tüte, Dose oder sogar fertig in einem Plastikbehälter, in den man nur noch heißes Wasser schütten muss. Diesen Fertigsuppen stellt Barbara Hübner in ihrem Buch leckere Rezepte gegenüber. Und was für viele Menschen erstaunlich ist: Solche Suppen können einfach, ohne große Kochkenntnisse selbst zubereitet werden. Sie benötigen keinen großen Zeitaufwand. Dafür wird man mit einer aromatischen Speise belohnt, denn Barbara Hübner war der Geschmack sehr wichtig. Man braucht frische, qualitätsvolle Zutaten – möglichst in biologisch-dynamischer oder Bio-Qualität – und vor allem Kräuter und Gewürze. Sie geben erst den feinen Geschmack, denn es gibt keine künstlichen Aromen oder Geschmacksverstärker wie bei den erwähnten Tütensuppen.

Bei den gebundenen Suppen verwendet Barbara Hübner fein gemahlenes Vollkorngetreide. Dies enthält nicht nur die Nährstoffe des ganzen Korns, sondern trägt auch zum runden Geschmack der Suppen bei.

Die Gewürze verleihen der Suppe aber nicht nur den Geschmack, sie wärmen den Menschen und unterstützen die Verdauung. Besonders in der kalten Jahreszeit sind Suppen daher beliebt, aber auch die Wärme einer Suppe vor der eigentlichen Hauptmahlzeit bereitet die Verdauungsorgane auf ihre Tätigkeit für die nachfolgenden Gerichte vor. Dies war ein weiteres Anliegen von Barbara Hübner: die Mahlzeiten vollwertig und verdaulich zu gestalten, damit das Essen eine Freude für die Sinne und

Ernährung für Körper und Geist sein kann. Wärme lockert und entspannt, hilft gegen Stress – und dies lässt sich gut mit einer Suppe verbinden. Natürlich gibt es für die heiße Jahreszeit kalte Suppen mit Gemüse oder Obst. Bei warmen Außentemperaturen sind leichte Gerichte gefragt, und wieder bietet sich die Suppe an. Wer dies noch nicht ausprobiert hat, versuche einmal einige der verführerischen Rezepte.
Barbara Hübner war es ein großes Anliegen, selbst zubereitete Suppen wieder populär zu machen. Mit dieser Neuausgabe sind ihre Rezepte nun erneut erhältlich. Es ist zu wünschen, dass viele Menschen diese feine Suppenküche wieder entdecken oder neu kennenlernen.

Dr. Petra Kühne
Arbeitskreis für Ernährungsforschung e.V. Bad Vilbel, Mai 2010

Lob der Suppe

Als wärmende, mineralstoffreiche Gerichte beleben die in diesem Buch enthaltenen Suppen sowohl den Wärme- als auch den Flüssigkeitshaushalt des Körpers, die beide heutzutage sehr vernachlässigt werden. Sie regen den Abbau an und den Aufbau, bekämpfen die Tendenzen zu Verhärtung (Sklerose), Schrumpfung (Bandscheiben, Kieferschwund), Bindegewebsschwäche, Knochenschwund (Osteoporose) usw. Die Erfahrung hat gezeigt, dass Suppen, zubereitet wie hier vorgeschlagen, von jung und alt im täglichen Speiseplan bejaht werden. Übergewicht erzeugen sie nicht, vielmehr helfen sie mit, es zu bekämpfen.
Aus Überzeugung und Erfahrung wurde eine große Fülle von Rezepten zusammengestellt, durch die es leicht fällt, auf industriell vorgefertigte Suppen sowie Knochen- und Fleischbrühen zu verzichten. Auch Menschen mit empfindlichen Verdauungsorganen, die auf eine Vollwertkost ohne isolierte Süßungsmittel eingestellt sind, finden viele geeignete Gerichte. Die Rezeptangaben sind so ausgearbeitet, dass auch Anfänger leicht mit ihnen umgehen können.

Doch bevor die Suppen und Eintöpfe zubereitet und dann genossen werden können, sind auf den Folgeseiten einige grundlegende und hilfreiche Gedanken zu den Produkten, der Küchenpraxis und besonders dem Umgang mit Gewürzen zu finden.
Immer deutlicher wird heute empfunden: Die Art und Weise, wie der Mensch sich ernährt, beeinflusst nicht nur seinen Körper, sie wirkt viel umfassender, nämlich tief in sein Geistig-Seelisches hinein. Wie aber ist eine solche Wirkung möglich? Zunächst werden die Nahrungsmittel als

fremde Stoffe aufgenommen, und der Mensch muss sich mit ihnen auseinandersetzen. Die Dynamik, die im Organismus dabei entfaltet wird, ist nun von entscheidender Bedeutung für den ganzen Menschen. «Das Leben besteht aus der Arbeit, nicht in den Stoffen, und das ist das Allerwichtigste, dass man weiß, dass das Leben gar nicht im Verzehren von Kohl und Rüben besteht, sondern darin, was der Körper tun muss, wenn in ihn Kohl- oder Rübenstoff hineinkommt.»*

Die Anregung zu dieser Tätigkeit geht von den Substanzen aus, von ihrer inneren Qualität. Gelingt es dem Menschen nicht, die Auseinandersetzung mit diesen fremden Stoffen zu bewältigen, so erschwert ihm die Ernährung, was sie ihm eigentlich erleichtern sollte: das Ergreifen und Durchdringen des eigenen Organismus mit den Kräften der Persönlichkeit, die nicht nur ihm selbst, sondern auch seinem sozialen Umfeld zugute kommen – in Einklang mit allem, was lebenserhaltend und lebensfördernd ist. Dies wird aber nur erreichbar sein, wenn der Mensch erneut dazu übergeht, seine Nahrungsmittel so zu erzeugen, dass sie eine entsprechende Qualität enthalten.

In den Produkten der konventionellen Landwirtschaft, den meisten industriell verarbeiteten Nahrungsmitteln und vor allem denjenigen, die synthetische Zusatzstoffe enthalten, finden wir diese lebendige Qualität nicht mehr. Sie kann nur entstehen, wenn in gärtnerischen und landwirtschaftlichen Betrieben die biologischen und ökologischen Zusammenhänge auf das Sorgfältigste beachtet werden. Das erstrebt man in der biologischen und wesentlich umfassender und konsequenter in der biologisch-dynamischen Wirtschaftsweise. Dort werden keine chemischen Substanzen wie leicht lösliche Mineraldünger und giftige Pflanzenbe-

* Rudolf Steiner, *Mensch und Welt. Das Wirken des Geistes in der Natur. Über das Wesen der Bienen.* 15 Vorträge, Dornach 1995.

handlungsmittel verwendet oder etwa Antibiotika in der Tierhaltung. Stattdessen versucht man, durch pflegerische Maßnahmen zu erreichen, dass Mensch und Erde harmonisch zusammenwirken. Einbezogen in diese pflegerischen Maßnahmen werden auch die vielseitigen Wirkungen kosmischer Rhythmen sowie besonders präparierte Natursubstanzen und Heilpflanzen. Die Formen der Betriebe und alle Tätigkeiten werden so gestaltet, dass nicht eine fabrikartige Produktionsstätte für Nahrungsmittel und Tiere entsteht, sondern ein lebendiger Organismus mit seinen rhythmischen Abläufen. Dass diese Maßnahmen bis in die Substanzprozesse der Nahrungsprodukte hinein wirksam sind, lässt sich durch vergleichende Kontrolluntersuchungen und Analysen nachweisen.
Im Haushalt wird bemerkbar, dass so erzeugte Nahrungspflanzen fester in ihrer Struktur sind, daher beim Kochen nicht so zusammenfallen, sich länger halten, besser sättigen, wesentlich bekömmlicher sind und vor allem ein unvergleichbar viel feineres, aber auch kräftigeres Aroma haben als die üblichen Erzeugnisse. Diese Eigenschaften veranlassen viele Verbraucher, sie trotz ihrer höheren Preise zu bevorzugen.

Einiges zur Küchenpraxis

Vollkorngetreide muss durch schonende Verfahren mithilfe von Wärme bzw. Feuchtigkeit aufgeschlossen werden, wahlweise durch Darren oder Schroten bzw. Einweichen.

Darren

Hier wird an eine alte bäuerliche Sitte angeknüpft: Nach dem Brotbacken breitete man im noch warmen Steinofen das Getreide aus. Im Haushalt darrt man Getreide durch langsam ansteigendes Erwärmen im Backofen auf ca. 80 – 100 °C eine Stunde oder (sofern man es vorher mit ca. 10 % Wasser 20 Minuten zugedeckt vorquellen ließ) auch länger, bis es kross wird und duftet. Für Buchweizen genügen meist 50 Minuten.
Das in einigen Rezepten angegebene *Thermo-Getreide* von Demeter ist bereits gedarrt. Es wird in eigens dafür entwickelten Steindrehtrommelöfen unter sorgfältigst kontrollierter Wärmeführung hergestellt und anschließend in speziellen Steinmühlen vermahlen zu Mehl, Grieß oder Grütze.*
Im Getreide entwickeln sich durch diese Verfahren neue Eigenschaften: Stärke beginnt sich in Zucker umzuwandeln, arteigenes Aroma entfaltet sich, das Getreide wird bekömmlicher, es lässt sich schneller und einfacher verarbeiten, es bleibt beim Kochen locker, weil die Stärke nicht mehr verkleistert, es lässt sich auch in vermahlenem Zustand längere Zeit ohne Qualitätsverlust aufbewahren.

* Herstellung und Produktinformation: Bauck GmbH & Co KG: www.bauckhof.de

Mahlen bzw. Schroten sollte man erst unmittelbar vor der Verarbeitung, da die Qualität sofort durch Einwirken des Luftsauerstoffs beeinträchtigt wird. Ein reiches Angebot von Hand- und elektrischen Haushaltsmühlen steht im Handel zur Verfügung.

Einweichen

Um die wertvollen Mineralstoffe des Getreidekornes völlig aufzuschließen, muss das Enzym Phytase, das sich in größerer Menge in den Randschichten des reifen Kornes gebildet hat, zur Wirksamkeit gebracht werden. Das geschieht, wenn man das Korn kalt, höchstens lauwarm, in Wasser einweicht – mindestens eine, am besten 10 Stunden vor dem Kochen.
Unbedingt einweichen sollte man Mais, Dinkel, Weizen, Roggen, Gerste, Hafer (geschrotet höchstens 6 Stunden, da er sonst leicht bitter wird) sowie alle Hülsenfrüchte.
Man kann, aber muss nicht einweichen: Graupen (Rollgerste), Reis, Buchweizen (geschälte Körner), Grünkern (unausgereifter Dinkel), Flocken, gedarrtes und Thermo-Getreide.
Man weicht nicht ein: Grieß, Maisgrieß, Hirse und Teigwaren.
Einweichen verkürzt auf jeden Fall die Garzeit, deshalb ist sowohl für ganze Körner als auch für Schrot eine lange Einweichzeit empfehlenswert.
Wer sich schon längere Zeit auf Vollkornernährung umgestellt hat, kann insbesondere für Schrot eine kürzere Einweichzeit wählen, da er allmählich das Enzym Phytase im eigenen Verdauungsorganismus entwickelt.
Bei Brot und Gebäck bewirken Teigruhe und saures Milieu dasselbe wie Einweichen. Der Teig muss stets etwas feuchter sein als bei der Verwendung von Auszugsmehl.
In den Rezepten ist mit dem Begriff «Vorbereitung» angegeben, wenn eine längere Einweichzeit – über Nacht – empfohlen wird.

Kochen dient dem weiteren schonenden Aufschließen des Getreides. Man sollte das Einweichwasser immer mitverwenden und sachte köcheln ohne Druck (keine Dampfdrucktöpfe!), damit möglichst wenig Wasser verdunstet; notfalls heißes Wasser nachfüllen.

Salzen erst gegen Ende der Kochzeit; zu frühes Salzen verhindert bei ungeschälten ganzen Körnern das Weichwerden.

Salz

Es werden Steinsalz ohne Ergänzungsstoffe, Meersalz (rückstandsgeprüft) sowie verschiedene Kräutersalzmischungen auf Meersalzbasis empfohlen.

Nachquellen beendet den Prozess des Aufschließens durch milde Wärme in geeigneter Umgebung: Kochkiste, Wolldecke, Thermosgefäß, Wasserbad oder auf einer Warmhalteplatte in einem Topf mit Thermikboden.

Auf **Suppenwürze** kann man im Allgemeinen verzichten, wenn man Gemüse- und Kräuterbrühen zubereitet und würzt, wie hier vorgeschlagen, insbesondere durch Mitkochen der mineralstoffreichen Brennnessel. Dafür nimmt man die ganze Pflanze, frisch oder getrocknet (im April und September ist ihr Eisengehalt, vor allem an besonnten Plätzen, besonders hoch).
Möchte man dennoch eine Würze verwenden, so empfiehlt sich beispielsweise Sekowa-Gemüsebrühe (aus schonend getrockneten Gemüsen und Kräutern mit Meersalz, ohne Hefe und andere Zusätze).
Hefewürze sollte man nur wählen, wenn sie aus Bierhefe – auf natürlichen Rohstoffen gewachsen! – gewonnen wird wie beispielsweise Cenovis (kann allerdings Glutamat enthalten). Auch eine fermentierte Sojawürze, die eine milchsaure Gärung durchgemacht hat, kann man zusetzen.

Süßen

Es werden nur Süßungsmittel angegeben, die noch im organischen Zusammenhang mit ihren natürlichen Begleitstoffen stehen, also keine isolierten bzw. raffinierten Produkte wie weißer und brauner Zucker oder handelsübliche Fruchtzucker sowie keine synthetischen Süßungsstoffe.
Die übliche «Zivilisationskost» ruft, wie bekannt, vielfältige Mangelerscheinungen hervor. Stellt man sich auf Vollwertkost um und verwendet dabei ausschließlich die in den Rezepten vorgeschlagenen Süßungsmittel, dann verschwinden allmählich diese Mangelerscheinungen. Das durch die Fehlernährung entartete Darmmilieu gesundet, die lebenswichtigen Substanzen der Nahrungsmittel, vor allem auch des Vollkorns (Vitamine und Mineralien, auch in Spuren), können vom Körper ganz ausgewertet werden. Der Körper wird wieder fähig, aus der aufgenommenen Stärke, etwa des Vollkorns, Zucker aufzubauen – das suchtartige Verlangen nach Süßem verliert sich. Voraussetzungen dafür sind aber auch gutes Aufschließen des Getreides und gründliches Kauen. Dann entwickelt sich ein verfeinertes Empfinden für die Qualität des Süßen und für echte Nahrungsqualität überhaupt.

Säuern

Zum Säuren bieten sich saure Obstsäfte wie Zitronensaft und Obstdicksäfte, Sauerkrautsaft (in Flaschen erhältlich), Molkosan (eingedickte Molke), eventuell Apfelessig oder Kwass (beides von Demeter) und Kannes Brottrunk (milchsauer) an. Synthetisch erzeugte Produkte wie Zitronensäurepulver und Essigessenz sollte man vermeiden.

Fette

Zu bevorzugen sind kalt gepresste Öle; das besonders hochwertige Leinöl und Butter sollte nur zum Abrunden verwendet werden. Leinöl hat ein

mildes, nussartiges Aroma, da es aber sehr rasch verdirbt (kratzig, bitter, tranig wird), bezieht man es am besten frisch gepresst direkt von einer Ölmühle oder kauft nur geringe Mengen, die man zügig verbraucht.
Alle Fette sollten nur mäßig erwärmt werden. Wer empfindlich ist, setzt sie erst nach dem Kochen zu. Deshalb ist auch nicht Anbraten, sondern Andünsten in Fett mit etwas Wasser, wodurch die Temperatur nicht über 100 °C steigt, empfehlenswert.
Auch beim Backen steigt die Temperatur im Backwerk durch dessen Wassergehalt nicht höher. Zum Backen werden empfohlen: Öl, Butter oder das auch in Demeter-Qualität erhältliche Butterschmalz, d.h. Butter, der durch Erwärmen ihr Wassergehalt von ca. 16 % entzogen wurde. Das ist bei der Teigzubereitung zu beachten.

Eiweiß

Der Bedarf des Menschen sollte nicht nur von der Menge, sondern ebenso auch von Qualität und geeigneten Kombinationen verschiedener Eiweißarten bestimmt werden. Für die Qualität von pflanzlichem Eiweiß ist ausschlaggebend, dass es im harmonischen Zusammenwirken der kosmischen Kräfte Licht, Luft und Wärme mit den Stoffen der Erde, den Mineralsalzen entsteht. Auch in Milch, Eiern und Fisch entwickelt sich unter diesen Voraussetzungen ein qualitativ hochwertiges Eiweiß.
Heute ist bekannt, dass jeder Mensch sein individuelles Eiweiß aufbaut. Dieser Prozess wird auch angeregt durch den Genuss von Obst und Würzkräutern, insbesondere solchen aus der Familie der Kreuzblütler.
Diese hier angedeuteten Gesichtspunkte gaben Veranlassung, beim Ausarbeiten der Rezepte auf Fleisch, Fisch, Eier, Soja und Pilze – alles Träger von überaus konzentriertem Eiweiß – zu verzichten. Wer nicht darauf verzichten möchte, bevorzuge wenigstens Produkte von biologisch oder biologisch-dynamisch wirtschaftenden Betrieben.

Der tägliche Eiweißbedarf kann aber auch ohne sie gedeckt werden durch Vollgetreide mit seinen besonders hochwertigen Eiweißarten, ergänzt durch Milch und Milchprodukte, Nüsse, ab und zu auch durch Hülsenfrüchte sowie durch Gemüse, Salate und Früchte.

Milch und Milchprodukte

Quark wird in den Rezepten immer in der Magerstufe verwendet, und zwar als Demeter-Quark, da dieser trockener ist als andere Sorten.

Über das Würzen

Die hier vorgeschlagenen Gerichte erhalten ihren Rang durch die besondere Art, in der das Würzen gehandhabt wird.
Die Auseinandersetzung mit der Nahrung beginnt, sobald das bewusste Riechen, das Wahrnehmen mit den Augen und das Schmecken Empfindungen weckt; der Säftestrom in den Verdauungsdrüsen wird nun mobilisiert und je nach der angekündigten Speise in seiner Zusammensetzung nuanciert.

Wie wirken die Gewürze?

Betrachtet man Nahrungspflanzen, so lassen sich gewisse Einseitigkeiten entdecken: Die nahrhaften Substanzen sind entweder nur in der Wurzel angesammelt (bei Rüben) oder in Stängel bzw. Blatt (etwa bei Mangold, Kohl und Salaten) oder aber in der Blüten-Frucht-Region (bei Artischocke, Brokkoli, Blumenkohl, Nüssen, Getreiden und allen Obstarten). Dagegen zeigen die Würzpflanzen keine voluminösen Nährstoffansammlungen, entwickeln dafür aber, vorwiegend in Samen, Blüten oder Blättern, intensive Würzkraft, indem sie ganz durchdrungen werden durch die hereinströmenden Kräfte von Wärme, Licht und Luft – manche bis in die Wurzel (z.B. bei Meerrettich, Ingwer, Kurkuma).

Die Vielfalt der Gewürze lässt sich in vier große Gruppen gliedern:

- Die besonders durch *Wärme* geprägten Gewürze impulsieren auch im Menschen Wärmeprozesse, die ihm helfen, sich im Leiblichen zu verankern, indem sie die Stoffwechselprozesse und das Willensleben befeuern.
  Viele *Lippenblütler* der gemäßigten Zone gehören hierzu: Salbei, Thymian, Majoran, Dost, Oregano, Bohnenkraut, Basilikum, Ysop, Rosmarin, Lavendel, Minzen, Zitronenmelisse, Gundermann.
  Außerdem schenken uns verschiedene Pflanzenfamilien der Tropen feurige Gewürze wie Gewürznelken, Muskatnuss und -blüte, Piment, Kardamom, Paprika, Zimt, Ingwer, Kurkuma.
  Während die Lippenblütler ihre Würzkraft im Blattbereich entfalten, stammen die tropischen Gewürze meist aus dem Blütenbereich, sind Früchte und Samen; oder ihre Würzkraft ist heruntergezogen in die Rinde wie beim Zimt bzw. in die Wurzel wie bei Ingwer und Kurkuma.

- Die Gewürze der *Doldenblütler* zeigen ihre Beziehung zum *Licht* in fein ziselierten Blättern, die zur *Luft* in hohlen Stängeln. Das luftige Element durchdringt ihren gesamten Flüssigkeitshaushalt. Dadurch wirken sie im Menschen über die Drüsen anregend im Bereich des Flüssigen sowie auch auf die Vorgänge der Durchlichtung, der Durchatmung, «Durchluftung» – bekanntlich ordnen sie entgleiste Luftprozesse wie Aufstoßen und Blähungen. Sie unterstützen die Verdauung, besonders auch der kohlehydratreichen Speisen (Brot, Gebäck, Getreide- und Obstgerichte) und der schwer verdaulichen Hülsenfrüchte.
  Zu den Doldenblütlern zählen Anis, Fenchel, Kümmel, Koriander, Liebstöckel, Kerbel, Dill, Petersilie. Auch einige Nahrungspflanzen sind hier zu nennen wie Sellerie, Möhre, Pastinake und Wurzelpetersilie.

– Bei den Gewürzen, die Schwefelprozesse anregen, zeichnet sich die Gruppe der *Kreuzblütler* durch eine schier unverwüstliche *Lebenskraft* sowie durch ihre große Verwandlungs- und Vermehrungsfähigkeit aus. Beim Menschen aktivieren sie die vegetativen Prozesse, die Lebensvorgänge Ernährung und Heilung. In ihnen wirkt der Verwandlungskünstler Schwefel, der sich uns deutlich bemerkbar macht in den scharfen, oftmals beißenden Aromen. Dadurch unterstützen diese Pflanzen den Eiweißstoffwechsel.
  In diese Gruppe gehören die *Kreuzblütler* wie die Kressearten, Meerrettich, Löffelkraut, Senf, Wiesenschaumkraut, Mauerdoppelsamen, Knoblauch, Rauke und Barbarakraut, aber auch die *Liliengewächse* wie Küchenzwiebel, Schnittlauch, Knoblauch und andere Laucharten, die bekannt sind als Gewürze insbesondere für eiweißreiche Speisen wie Hülsenfrüchte, Fleisch, Eier, Käse, Quark.

– Bei den *Korbblütlern* finden wir wertvolle Gewürze, die vorwiegend durch ihre verschiedenartigen Bitterstoffe den Gesamtstoffwechsel unterstützen. Hierzu zählen Wermut, Löwenzahn, Eberraute, Schafgarbe, Estragon und die entzündungshemmende Kamille.

Wie geht man mit den Gewürzen um?

Ziehen, Mitkochen, Harmonisieren

Als Faustregel gilt dasselbe wie für Kräutertee: *Wurzeln und Samen* 8 – 15 Minuten *kochen* (feines Mahlen und Einweichen verkürzt die Kochzeit), *Blätter* einmal kurz aufwallen und (oder nur) ziehen lassen, *Blüten* nur kurz überbrühen und ziehen lassen.

Fügt man die Gewürze erst nach dem Kochen bei und lässt sie in der Speise nachziehen, so wendet man sich vorwiegend an die Funktionen bestimmter Organe; die Wirkung ähnelt dann der eines Kräutertees.

Kocht man die Gewürze mit – Stängel, Blätter, Blüten kürzer, Samen und Wurzeln länger –, so beeinflussen sie entscheidend den Grundcharakter der verwendeten Nahrungspflanzen; dadurch kann man eine Einseitigkeit harmonisieren.

Rote Bete beispielsweise, ein Strand- oder Salzgewächs, hat als Nahrungsträger die Wurzel, also den mineralischen, den Salz-Pol ausgebildet. Zur *Harmonisierung* kocht man sie mit Gewürzen, die den Gegenpol betonen, das Wärme- und Luftelement der Frucht- und Samenregion, damit das Gericht lieblicher und leichter wird: Anis, Koriander, Piment, Nelke, Kümmel, Ingwer, ergänzt mit Äpfeln, Zitronensaft, Honig und Öl.

Intensivieren

Wählt man beispielsweise bei der Holundersuppe Gewürze gleicher Wirkungsrichtung, nämlich die «befeuernden» Kräfte des Fruchtpols be-

betonend, lässt sich die durchwärmende Wirkung noch steigern: Anis, Nelke, Koriander, Piment, Zimt, Ingwer, ebenfalls ergänzt mit Äpfeln, Zitronensaft, Honig.

Aufbewahren und Zerkleinern

Frische Kräuter lassen sich 8 – 14 Tage frisch halten: recht kalt waschen, Stängel anschneiden, gut abtropfen, luftabgeschlossen auf einem feuchten Tuch in einem Schraubglas o. Ä. verwahren, kühl stellen.

Getrocknete Kräuter vor Licht und Luft geschützt aufbewahren, möglichst erst kurz vor Gebrauch in einem Porzellanmörser oder Drahtsieb mit 1,5 mm-Lochung zerkleinern. Samen im Mörser anstoßen, mahlen in einer Gewürzmühle oder Hand-Kaffeemühle, Wurzeln auf einer Muskatreibe.

Unvermahlen weicht man sie am besten vorher ein und seiht sie nach dem Kochen ab.

Schalen von Zitrusfrüchten, die naturbelassen sind, lassen sich dünn abgeschält trocknen, in verschlossenem Glas aufbewahren, zum Gebrauch angefeuchtet fein hacken. Oder das von der Frucht dünn Abgeriebene mit Honig vermischen, so hält es sich sehr lang und ist stets griffbereit.

Mengenangaben

Bei Gewürzen können immer nur Hinweise gegeben werden, da die Würzkraft sehr unterschiedlich ist, denn sie hängt ab vom Klima, dem Boden und der Anbauweise sowie der Erntezeit, der Trocknung und Aufbewahrung.

Für Kinder sollte man zurückhaltend, für ältere Menschen intensiv würzen.* Nicht begaste, nicht bestrahlte Trocken- und Frischkräuter bekommt man aus biologisch-dynamischem und biologischem Anbau mittlerweile in vielen Geschäften.

Das weithin vorhandene instinktive Wissen über die Würz- und Heilpflanzen ist fast völlig verschwunden, aber zutiefst in der menschlichen Natur veranlagt. Das zeigt sich darin, dass viele Menschen auch heute noch fähig sind, die Gewürze richtig durch die Sinneswahrnehmung, durch Riechen und Schmecken auszuwählen. Was früher instinktives Wissen war, kann auch bewusst erarbeitet werden. Diese Art der Pflanzenbetrachtung ermöglicht es jedermann, durch unbefangenes Beobachten allmählich die Lebensäußerungen der Pflanzen in neuartiger Weise zu erfassen und in die Geheimnisse ihres Gestaltplanes und ihrer Rhythmen einzudringen. Die Nahrungs-, Heil- und Gewürzpflanzen weisen Besonderheiten auf, an denen die bildenden Kräfte erlebt werden können, die bei ihrer Entstehung tätig waren und auch auf den Menschen wirken, wenn er sich dieser Pflanzen bedient.**

*Siehe auch Udo Renzenbrink, *Ernährung unserer Kinder,* Stuttgart [6]2011.

**Siehe auch Wilhelm Pelikan, *Heilpflanzenkunde. Der Mensch und die Heilpflanzen.* 3 Bände, Dornach 1999.

Suppen als Vorspeise

Suppen als Vorspeise

Zur Hauptmahlzeit empfiehlt sich als Einleitung und Einstimmung eine Suppe, die am besten aus einer Gemüse- oder Kräuterbrühe bereitet wird. Durch Wärme, Duft und Aroma sowie ihren Reichtum an Mineralstoffen und Vitaminen aktiviert sie den Stoffwechsel und macht ihn aufnahmebereit für die nachfolgenden Gerichte.
Gemüsebrühe wirkt außerdem ohne Salz und ohne weitere Zutaten entschlackend, insbesondere nüchtern getrunken. Alle Brühen und Suppen kann man kurz vor dem Anrichten mit gehackten frischen Gartenkräutern und mit Wildkräutern anreichern.
Die Rezepte ergeben für 4 Personen etwa 700 ml Suppe.
Die «Reste», aus denen die klaren Gemüse- und Kräuterbrühen gewonnen werden, wandern üblicherweise in den Mülleimer. Verwenden wir sie wie vorgeschlagen, lassen sich unsere kostbaren biologisch-dynamischen und biologischen Gemüse und Salate sehr viel besser verwerten.

Klare Kräuter- und Gemüse-Suppen entstehen, wenn man diese Brühen mit folgenden Einlagen anreichert:
Gemüsemischungen, einige zartere Gemüse für sich allein, vor allem aber auch Würfel und Klößchen aus feinem Vollkornschrot als geformte Einlagen (siehe Rezepte ab Seite 39).

Ungebundene Kräuter- und Gemüse-Suppen entstehen, wenn man die Brühen mit sehr vielen fein gehackten Kräutern, Gemüseblättern, passierten bzw. geriebenen Gemüsen (roh oder gekocht) anreichert. Sie werden durch diese Zutaten trüb.

Gebundene Kräuter- und Gemüse-Suppen entstehen, wenn man diese Brühen mit gemahlenem Getreide leicht andickt.

Viele Menschen vermeiden es, überhaupt Suppen zu essen – auch aus Sorge vor Übergewicht. Kräuter- und Gemüsebrühen können aber sogar helfen, Übergewicht abzubauen. Auch wer Vollkorn in der Suppe verarbeitet, muss nicht befürchten, sich Rundungen anzuessen. Die Kohlenhydrate sind im Vollkorn verbunden mit Ballaststoffen, Mineralstoffen, Vitaminen sowie mit Fermenten. Sie alle tragen dazu bei, dass Abbau und Aufbau der Nährstoffe sich in einem harmonischen Verhältnis vollziehen.
Mit Weißmehlprodukten nehmen wir isolierte Kohlenhydrate auf, die den Organismus überschwemmen, ohne ihm zu ermöglichen, dass er sie auch abbaut. Folglich lagern sie sich sehr häufig als Depotfett und Schlackenstoffe ab.
Die in diesem Buch zusammengestellten aromareichen Brühen und Suppen verlangen außerdem nur sehr geringe Salzzugaben. Kochsalz aber bindet Wasser und schwemmt dadurch das Körpergewebe auf.

Alles in allem: Suppen dieser Art veranlassen den Organismus, sich auch den nachfolgenden Gerichten aktiver zuzuwenden, sie bekämpften somit die weit verbreitete Trägheit des Stoffwechsels – eine Hauptursache zahlreicher Zivilisationskrankheiten und auch des Übergewichts.

Klare Kräuter- und Gemüsebrühen

… aus «Resten»

Allgemeine Hinweise

Die «Reste» (Schalen, Strünke etc.), die beim Putzen von möglichst einwandfreiem Gemüse entstehen, sind so mineralstoffreich, aromatisch und dadurch so kostbar, dass man sie unbedingt verwerten sollte.
Deshalb muss das Gemüse besonders sorgfältig gewaschen bzw. gebürstet und von fauligen oder vergilbten Teilen befreit werden.

Gut verwenden lassen sich:
Stängel und Blätter von Kohlrabi, Blumenkohl, Sellerie, Lauch, Küchenkräutern;

Strünke von Salat und Kohl: äußere harte Fasern von der Wurzel her abziehen, das Innere als Suppeneinlage kochen;

Wurzeln von Sellerie, Lauch, Zwiebeln, Wurzelhals von Spinat (besonders eisenhaltig);

Schalen von Sellerie, Zwiebeln, Kohlrabi, Fenchelknollen, Gurken, Kürbis; Rote-Bete-Schalen wegen der Farbe extra verwerten für Rote-Bete-Suppe;

Hülsen von Erbsen und Bohnen;

Fäden und Spitzen von grünen Bohnen und Zuckererbsen.

Diese «Reste» mit kaltem Wasser, etwas Salz und Gewürzen ansetzen, 20 – 30 Min. kochen (bis die Wurzeln weich sind), abseihen, ausdrücken. Bei geringen Resten alles von 2 – 3 Tagen sammeln, im Schraubglas verschlossen kühl aufbewahren.

Gewürze zufügen, um das Aroma zu bereichern und die Brühe aus Resten von Kohl, Zwiebeln und Lauch leichter verdaulich zu machen.

Mitkochen von Samen und Wurzeln (ganz oder gemahlen) wie Senf, Kümmel, Fenchel, Wacholder, Piment, Pfeffer (nur in ganzen Körnern), Ingwer.

Nur kurz aufwallen und ziehen lassen: Stiele und Blätter von Küchenkräutern wie Thymian, Majoran, Bohnenkraut, Liebstöckel, Ysop, Lorbeer, Rosmarin usw.
Alle Stiele von Kräutern kann man grob zerschneiden, trocknen und (vor Gebrauch einige Stunden eingeweicht) zu nährenden, schmackhaften Brühen auskochen.

Einlagen für Brühen

Gemüse-Einlagen

Grundrezept

Jede Gemüse- und Kräuterbrühe wird schon durch Zugabe von Frischgemüse (geputzt pro Person 40 – 50 g) zu einer leichten, anregenden Vorsuppe, als feine Streifen («Julienne» genannt), schräge Rauten oder beispielsweise bei Karotten auch als «Blümchen». Diese lassen sich leicht herstellen: Mit einem spitzen Messer Kerben entlang der Karotte schneiden und diese erst dann in Scheiben zerkleinern.

Einige bewährte Mischungen

	wahlweise Sellerie, Pastinake, Wurzelpetersilie, Topinambur mit Lauch bzw. Zwiebel und Möhren
oder	grüne Bohnen bzw. Erbsen mit Möhren
oder	Wirsing bzw. Weißkohl mit Möhren.

Gemüse fein schneiden, in 2 – 3 EL Öl und 2 EL Wasser andünsten, würzen, mit der Brühe auffüllen, 10 – 20 Min. darin garen, abschmecken, nachwürzen, mit Butter, Butterschmalz, Leinöl, frischen Kräutern abrunden.
Für festliche Gelegenheiten kann man zusätzlich helle Suppenklößchen oder in feine Streifen geschnittene Pfannkuchen («Flädle») als Einlage reichen.

Knusprige Bröckchen

Grundrezept

Besonders einfach und herzhaft sind Knäckebrot und getoastetes Weizenvollkornbrot oder an der Luft gut getrocknete Würfel aus Roggen-Vollkorn- oder Vollkornmischbrot, die in der Vorratsdose immer griffbereit sein können.
Bröckchen aus Weizenvollkornbrot, in Butter leicht goldgelb geröstet, streut man erst beim Anrichten auf die Suppe.
Bröckchen erfreuen das Auge und regen außerdem das Kauen, den Speichelfluss und damit das Verdauen an.

Weiche Würfel aus verschiedenen Getreidearten

Grundrezept

Einen steifen Getreideschrotbrei kochen (siehe die nachfolgenden Rezepte), kräftig würzen, zuletzt 10 – 15 g Butter zufügen, ca. 1 cm dick auf eine flache, abgespülte Platte streichen, erkaltet in Würfel schneiden, in Suppenschälchen verteilen, die heiße Brühe darübergießen und mit frisch gehackten Kräutern überstreuen.

Weiche Würfel aus Weizenfeinschrot

Vom Weizenfeinschrot vor dem Wiegen die Kleie absieben, damit es besser bindet.

50 g Weizenfeinschrot mit dem Schneebesen in
300 ml heißes Wasser einrühren, 10 Min. köcheln.
Würzen mit Muskatnuss, Basilikum oder/und Majoran, Salz. Oder nur reichlich Petersilie (sehr fein gehackt) und Kräutersalz verwenden.
20 Min. nachquellen lassen.
Abrunden mit Butter, abschmecken; weiter siehe Grundrezept auf Seite 39.

Weiche Würfel aus Weizen- oder Maisgrieß

50 g Grieß mit dem Schneebesen in
200 ml heißes Wasser einrühren, 10 Min. köcheln,
Würzen mit Curry, Ingwer, Basilikum, Dill, Petersilie, Kräutersalz.
20 Min. nachquellen lassen.
Abrunden mit Butter, abschmecken; weiter siehe Grundrezept auf Seite 39.

Weiche Würfel aus Buchweizenfeinschrot oder Buchweizenmehl

60 g Buchweizenfeinschrot mit dem Schneebesen in
370 ml heißes Wasser einrühren, 5 Min. köcheln.
Würzen mit Thymian oder Muskatnuss, reichlich Salz.
20 Min. nachquellen lassen.
Abrunden mit Butter, abschmecken; weiter siehe Grundrezept auf Seite 39.

Weiche Würfel aus Hirse oder Hirsefeinschrot

50 g Hirse / Hirsefeinschrot mit dem Schneebesen in
200 ml heißes Wasser einrühren, 10 Min. köcheln.
Würzen mit Ingwer, Koriander oder Dill, Kräutersalz.
20 Min. nachquellen lassen.
Abrunden mit Butter, abschmecken; weiter siehe Grundrezept auf Seite 39.

Weiche Würfel aus Grünkernfeinschrot

80 g Grünkernfeinschrot mit dem Schneebesen in
200 ml heißes Wasser einrühren, 10 Min. köcheln.
Würzen mit Basilikum und etwas Bohnenkraut
oder
Majoran und etwas Thymian
Kräutersalz
30 Min. nachquellen lassen.
Abrunden mit Butter, abschmecken; weiter siehe Grundrezept auf Seite 39.

Suppenklößchen aus verschiedenen Getreidearten

Grundrezept

Zum Herstellen der Klößchen

Aus dem Klößchenteig (siehe nachfolgende Rezepte) zuerst ein Probeklößchen machen, gut haselnussgroß, in geölten Handflächen ohne Rillen glatt rollen.
Ist es zu fest, ein wenig feuchten Quark oder Molke unterkneten;
löst sich etwas ab, Feinschrot hinzufügen.
Geschmack probieren, eventuell nachwürzen.
Alle Klößchen formen, in kochendes, gut gesalzenes Wasser legen, siedend (nicht erneut aufkochen lassen!) ohne Deckel 20 – 30 Min. ziehen lassen, bis sie hoch kommen.
Gar sind die Klößchen erst, wenn sie innen nicht mehr schmierig sind – gegebenenfalls länger ziehen lassen.
Die Klößchen in die Suppenschälchen verteilen, die heiße Brühe darübergießen, mit frisch gehackten Kräutern überstreuen.
Die angegebene Menge ergibt rund 20 Klößchen.

Klößchen aus Weizen-Vollgrieß oder Maisgrieß

40 g Butter mit
40 g Gemüse- oder Kräuterbrühe erhitzen,
80 g Grieß einrühren, bei schwacher Hitze zugedeckt im Wasserbad
20 Min. ausquellen lassen, abkühlen,
20 g Quark (oder weitere 20 – 30 g Brühe) unterkneten.

Würzen mit Basilikum (fein verrieben),
ebenso Thymian, Muskatnuss, Kräutersalz

Kräftig abschmecken; weiter siehe Grundrezept auf Seite 43.

Fettarme Klößchen aus Weizen-Vollgrieß oder Maisgrieß

50 g Grieß mit dem Schneebesen in Brühe oder
135 ml heißes Wasser einrühren, einige Minuten bei schwacher Hitze unter Rühren kochen.

Würzen mit Basilikum, Thymian, Muskat (fein verrieben), Kräutersalz

20 Min. zugedeckt im Wasserbad nachquellen lassen.
10 g Butter zufügen, abkühlen,
25 g Doppelrahmkäse darunterkneten (ersatzweise
25 g ziemlich trockenen Quark mit 1 TL Öl),
kräftig abschmecken; weiter siehe Grundrezept auf Seite 43.

Klößchen aus Grünkernfeinschrot oder Grünkerngrütze

80 g Grünkernfeinschrot bzw. -grütze mit dem Schneebesen in
200 ml heißes Wasser oder Gemüsebrühe einrühren,
10 Min. sachte kochen.

Würzen mit etwas Bohnenkraut oder Basilikum,
etwas Rosmarin und Kräutersalz (alles fein verrieben)

30 Min. zugedeckt im Wasserbad nachquellen lassen.
5 – 10 g Butter zufügen, Teig etwas abkühlen,
60 g = 1 kl. Doppelrahmkäse darunterkneten (ersatzweise 25 g trockenen Quark mit 1 TL Öl),
kräftig abschmecken; weiter siehe Grundrezept auf Seite 43.

Klößchen aus gekochtem Roggen

Gekochte ganze Körner durch die feine, die 3 mm-Scheibe des «Wolfes» drehen. 300 g dieser Masse werden benötigt.

Kräftig würzen mit Salz, Thymian, Kümmel

Sollte das Probeklößchen nicht binden,
1 – 2 EL Quark oder 30 g Doppelrahmkäse darunterkneten, kräftig abschmecken; weiter siehe Grundrezept auf Seite 43.

Klößchen aus Thermo-Roggengrütze

90 g Roggengrütze in
250 ml Wasser einrühren,
10 Min. unter Rühren kochen.

Würzen mit Salz, Thymian, Kümmel

30 Min. nachquellen lassen, abkühlen.
30 g Doppelrahmkäse oder 1 – 2 EL Schichtkäse bzw. trockenen Quark, mit 1 – 2 EL Öl verrührt, darunterkneten, kräftig abschmecken; weiter siehe Grundrezept auf Seite 43.

Klößchen aus Buchweizenfeinschrot bzw. -mehl

50 g Buchweizenfeinschrot bzw. -mehl
40 g Weizenfeinschrot (vor dem Wiegen die Kleie absieben)
40 g Butter mit
50 g Gemüse- oder Kräuterbrühe erhitzen, die Schrotmischung hineinrühren, bei schwacher Hitze (Wasserbad) zugedeckt 10 – 20 Min. ausquellen lassen, abkühlen,
40 g Quark darunterkneten.

Würzen mit je ½ TL Majoran, Basilikum (beides fein verrieben), etwas Muskat, Kräutersalz

Kräftig abschmecken, weiter siehe Grundrezept auf Seite 43.

Klößchen aus Hirsefeinschrot

50 g Hirsefeinschrot in
150 ml heißes Wasser einrühren, bei schwacher Hitze einige Minuten unter Rühren kochen,
10 g Butter zufügen (kann auch wegbleiben).

Würzen mit Salz oder Selleriesalz, Liebstöckel, wenn möglich frisch, Schnittlauch, beides sehr fein gehackt.

Die Masse etwas abkühlen lassen, 20 g Doppelrahmkäse darunterkneten (ersatzweise 25 g trockenen Quark mit 1 TL Öl angerührt), kräftig abschmecken; weiter siehe Grundrezept auf Seite 43.

Klößchen aus Buchweizenfeinschrot mit Käse

125 g Buchweizenmehl bzw. -feinschrot etwa 2 Std. einweichen in
125 ml Sprudel oder Wasser, zu einem weichen Teig verrühren mit
1 EL Öl,
25 g Käse, gerieben (Schweizer Käse oder Gouda, abgelagert).

Würzen mit ½ TL Basilikum, Salbei,
je 2 Msp. Kümmel, Curry, Paprika (mild), 1 Pr. Cayenne,
Salz, nach Belieben etwas geriebene Zwiebel bzw. Zwiebelpulver oder etwas Knoblauchpulver.

Kräftig abschmecken, Probeklößchen mit zwei Teelöffeln formen; weiter siehe Grundrezept auf Seite 43.

Klare Gemüse-Suppen mit Einlagen

Grüne Erbsen-Suppe mit Suppenklößchen

Aus Hülsen von Erbsengemüse knapp 700 ml Brühe herstellen:
700 – 800 ml Wasser kalt aufsetzen mit Hülsen und Gewürzen:
ca. 1 TL Fenchel, ½ TL Anis, 1 TL Senfkörner, ganz wenig Bohnenkraut, etwas Liebstöckel, 1 ganze Möhre, Salz
15 – 20 Min. auskochen, abseihen;
möglichst einige grüne Erbsen und Petersilienstiele (fein geschnitten) in etwas Brühe garen und mit der dann in Scheibchen geschnittenen Möhre zufügen.

Abrunden und **abschmecken** mit Kräutersalz oder etwas Gemüsebrühe und Butter, eventuell etwas Honig.

Anrichten über Suppenklößchen aus Grieß, Hirse oder Grünkern (siehe Rezepte ab Seite 43) und mit gehackter Petersilie bestreuen.

Die hintere Erbsensuppe auf dem Foto wurde mit dem Stabmixer püriert und mit etwas Sahne verfeinert. Dies lässt sich auf alle ungebundenen Suppen anwenden und verleiht ihnen eine cremige Konsistenz (siehe auch Wildkräutersuppe auf Seite 58).

Fenchel-Suppe mit Suppenklößchen, weichen Würfeln oder knusprigen Bröckchen

Aus «Resten» von Fenchelgemüse knapp 700 ml Brühe herstellen:
700 – 800 ml Wasser kalt aufsetzen mit Schalen und Stielen der Fenchelknollen und Gewürzen:
1 – 2 TL Fenchelkörner, eventuell eine mittelgroße Zwiebel, ½ Lorbeerblatt, etwas Muskatblüte, ⅓ TL Anis, Dill
15 – 20 Min. auskochen, abseihen, salzen, auf 700 ml auffüllen.

Abrunden und **abschmecken** mit etwas Butter, eventuell etwas Gemüsebrühe, gehackte Fenchelblätter.

Anrichten über Suppenklößchen, weichen Würfeln oder knusprigen Bröckchen (siehe Rezepte ab Seite 39).

Blumenkohl-Suppe

Diese Suppe wird aus restlichem Kochwasser und Brühe aus «Resten» hergestellt.
Von den Strünken faserige Schalen abziehen, mit Blättern in gut
700 ml Wasser kalt aufsetzen, 20 Min. kochen.
1 – 2 TL Senfkörner, einige Fenchelkörner, 4 Wacholderbeeren hinzufügen; am Ende (nur einmal mitkochen lassen) Estragon, etwas Liebstöckel, Blüten von Kamille oder Schafgarbe.
10 Min. durchziehen lassen, abseihen.
Dies ergibt rund 600 ml Brühe.
25 g Vollreis gesondert in
250 ml Wasser 40 – 50 Min. «locker kochen»,* abseihen, abschrecken, salzen.
Ca. 200 g Blumenkohlröschen oder/und abgezogene, in Stifte geschnittene Strünke in etwas Brühe 15 – 20 Min. gar kochen. Alles mischen.

Würzen mit Kräutersalz,
möglichst frischem (notfalls gerebeltem) Estragon, Zitronenmelisse,
etwas Zitronenthymian, eventuell Muskatnuss oder 1 Pr. Cayenne.
Fehlen die einheimischen Kräuter, ist Curry geeignet.

Abrunden und **Abschmecken** mit 25 – 30 g Butter.

Abwandlung

Reiseinlage ersetzen durch Suppenklößchen oder «Weiche Würfel» aus beliebigem Getreide (siehe Rezepte ab Seite 43).

* In der Brühe gekocht, würde die Brühe trüb.

CUPS
2 QTS.
1 1/2 QTS.
6
1QT.
4
1PT.
2

Ungebundene Suppen

Grundrezept

Harte Stängel und etwa die Hälfte der Blätter – vor allem die härteren – mit knapp 700 ml kaltem Wasser aufsetzen, 20 Min. auskochen, abseihen und ausdrücken.
Die übrigen Blätter hacken, mit der heißen Brühe übergießen, je nach Zartheit 5 Min. ziehen lassen oder kurz aufkochen, würzen nach Rezept.

Abrunden: wahlweise mit süßer Sahne, Doppelrahmkäse (cremig gerührt mit etwas heißer Suppe) oder mit frischem Leinöl.

Sauerampfer-Suppe

100 – 150 g Sauerampfer (mit Stielen gewogen)

Mild würzen: je ¼ TL Anis- und Korianderkörner mitkochen, Salz.

Pikant würzen: etwas roh geriebene Zwiebel, eine Knoblauchzehe, Ingwer, 1 Pr. Cayenne, einige Tropfen Apfel- oder Birnen-Dicksaft, Zitronensaft, Salz.

Brennnessel-Suppe

Ca. 90 g Brennnessel – etwa ⅓ davon ersetzen durch Giersch (Geißfuß, Podagrakraut) – nach Wunsch etwas Zwiebel mitkochen.
Würzen mit Petersilie, eventuell Borretsch, Schnittlauch, etwas Knoblauch, Salz (kann auch wegbleiben).

Spinat-Suppe

100 – 200 g dicke Spinatstiele (Reste / Verschnitt von Spinat)
1 kl Zwiebel hacken, mit
2 EL Öl und 1 EL Wasser dünsten,
Brühe aus den Stielen darübergießen,
1 Handvoll rohe Spinatblätter hacken, in die Brühe geben, noch etwas ziehen lassen.
Würzen mit Borretsch, Majoran, Basilikum oder Liebstöckel, Petersilie, Schnittlauch, Kräutersalz oder nur mit Ingwer und Kräutersalz.

Comfrey-/Beinwell-Suppe

Comfrey/Beinwell eventuell mit Brennnessel mischen und in der Zubereitung und Menge wie bei der Spinatsuppe verfahren.

Wildkräuter-Suppe

Wildkräuter lassen sich das ganze Jahr hindurch sammeln – obwohl sie im Frühjahr vor der Blüte am gehaltvollsten und zartesten sind. Für den Winter kann man sie trocknen.
Sie lassen sich durch Gartenkräuter ergänzen.

100 – 200 g frische Wildkräuter mischen und nach dem Grundrezept auf Seite 55 zubereiten.
Von sehr aromatischen Kräutern kleinere Mengen nehmen, unbekannte bestimmen, dann kosten. Sollte die Suppe einmal zu streng schmecken, lässt sie sich notfalls durch etwas Hafermehl in eine gebundene Suppe verwandeln.

Diese Suppe schmeckt auch besonders gut, wenn man ca. ¼ der Kräuter mit etwas Sahne oder Brühe püriert und diese Masse erst kurz vor dem Servieren unterhebt – so bleibt zudem die frische Farbigkeit der duftenden Kräuter länger erhalten.

Wildkräuter, die sich für Suppen eignen

Anis; Bärlauch; Bergbohnenkraut; Breitwegerich; Brennnessel; Brunnenkresse; Dost (Oregano); wilder Majoran; Giersch; Goldnessel; Fingerkraut; Frauenmantel; Hederich (gelb oder weiß); Huflattich; Hungerblümchen; wilder Kümmel; Löwenzahn; Malve; wilde Melde; Quendel; Thymian; Reiherschnabel; Sauerampfer; Senf (gelb oder weiß); Spitzwegerich; weiße Taubnessel; Vogelmeire; Wiesenkerbel; Wiesenknopf; Wiesenschaumkraut.
Zudem eignen sich: Brombeer-, Hasel-, Schlehen-, Birkenblätter.

Kerbel-Suppe

Ca. 200 g Kerbel, Stiele klein schneiden – zu harte auskochen
1 Zwiebel, mittelgroß, fein schneiden, beides dünsten in
2 EL Öl und 2 EL Wasser, aufgießen mit gut
600 ml Wasser, aufkochen.
Kerbelblätter fein hacken, roh hinzufügen, 10 Min. ziehen lassen.

Würzen mit Anis, Kräutersalz, etwas Muskatnuss

Tomaten-Suppe, ungekocht

1 kg gut ausgereifte Tomaten roh durch den «Wolf» drehen oder brühen und die Haut abziehen; durch ein Sieb bzw. die «Flotte Lotte» passieren oder mit dem Stabmixer pürieren.

Würzen mit Salz oder Kräutersalz, nach Wunsch 1 – 2 Zwiebeln roh dazu reiben.
Abschmecken eventuell mit etwas Zitronensaft und ein wenig Honig.

Abrunden mit ca. 50 g Sahne, am besten geschlagen, oder saurer Sahne; nochmals abschmecken.

Anrichten mit frischen, fein gehackten Kräutern: wahlweise Petersilie, Schnittlauch, Basilikum, Dill.

Gebundene Suppen

Grundrezept

Das hier angegebene Grundrezept ist für 4 Personen und ergibt ca. 700 ml Suppe.
Wahlweise eines der nachstehenden Getreide in
100 ml kaltem Wasser (siehe Tabelle auf Seite 151) einweichen.
600 ml Gemüse- oder Kräuterbrühe (ersatzweise Wasser) erhitzen, das vorgequollene Getreide mit dem Schneebesen hineinrühren, 10 – 20 Min. sachte kochen (öfter umrühren) und mindestens 30 Min. nachquellen lassen. Je länger die Nachquellzeit (bis zu 3 Stunden), umso sämiger, bekömmlicher und wohlschmeckender die Suppe.

Frische Kräuter (auch Wildkräuter) hacken, sofort zufügen, 5 – 10 Min. ziehen lassen. **Getrocknete Kräuter** und **Samen** fein vermahlen,* einmal aufwallen, 10 Min. durchziehen lassen.

Abrunden wahlweise mit saurer oder süßer Sahne, Rahmkäse, Butter, frischem Leinöl, Nussöl. Um das Ausflocken der sauren Sahne zu verhindern, wird sie zuvor mit etwas heißer Suppe angerührt; dasselbe gilt für Buttermilch.

* Mörser, Drahtsieb, Kräutermühle, Hand-Kaffeemühle, Schrotmühle.

Zur geschmacklichen Abwechslung

Schrot nicht einweichen, sondern unter ständigem Rühren bei schwacher Hitze ohne Fett leicht anrösten,* mit dem Schneebesen trocken in 700 ml Gemüsebrühe oder Wasser einrühren, 10 Min. kochen und mindestens 30 Min. nachquellen lassen. Dann wie beschrieben würzen.

Wildkräuter-Suppe mit Dinkel- und Gerstenfeinschrot

Vorbereitung
30 g Dinkel- oder Gersenfeinschrot (25 g) in
100 ml Wasser mindestens 1, am besten 10 Std. einweichen.

300 ml Wasser erhitzen, das Schrot einrühren, 20 Min. kochen (öfter umrühren), ½ – 2 Std. nachquellen lassen.
250 ml Milch erhitzen (nicht über 70 °C), mit der Suppe verrühren;
gut 1 Handvoll frische Wildkräuter – so vielfältig, wie sie in der Landschaft vorkommen – fein hacken und unterheben.

Würzen mit Wacholderbeeren, Liebstöckel, Muskatnuss, Salz.

Abrunden mit Butter, frischem Leinöl oder süßer Sahne.

* Dies entfällt bei Thermo-Getreide.

Brennnessel-Hafer-Suppe

Vorbereitung
15 – 20 g feine Haferflocken oder Hafermehl in
80 ml Wasser anrühren und ½ Std. oder länger quellen lassen.

Ca. 100 g Brennnessel mit Stielen, davon rund ⅓ zarte Blätter bei Seite legen, die Brennnesseln mit einigen Aniskörnern und
500 ml Wasser kalt aufsetzen, 15 Min. auskochen, abseihen, ausdrücken.
Diese Menge soll 500 ml Brühe ergeben.
Flocken oder Mehl hineinrühren, 10 Min. sachte kochen – öfter umrühren.

Würzen mit Kräutersalz, etwas Muskatnuss, eventuell etwas Knoblauch oder Zwiebel, fein verrieben.

Alles ½ – 1 Std. nachquellen lassen.
60 ml Milch erhitzen (nicht über 70 °C). Die zurückgelegten Brennnessel fein hacken, beides einrühren, einige Minuten ziehen lassen, dabei sollte die Suppe nicht mehr aufkochen.

Abrunden mit 15 g Butter, 3 – 4 EL süßer Sahne; abschmecken.

Abwandlung
Herzhafter im Geschmack wird die Suppe, wenn man die Haferflocken behutsam fettlos anröstet; dann ohne Einweichen in 580 ml Brühe einstreuen.

Sauerampfer-Suppe mit Gerstenschrot

Vorbereitung
35 g Gerstenfeinschrot einweichen in
80 ml Wasser – mindestens 1 am besten 10 Std.

80 – 100 g Sauerampfer mit Stielen, davon ⅓ zarte Blätter bei Seite legen.
Den Sauerampfer mit einigen Aniskörnern und gut
500 ml Wasser kalt aufsetzen, 10 Min. auskochen, abseihen, ausdrücken.
Diese Menge soll 500 ml Brühe ergeben.
Das eingeweichte Schrot hineinrühren, 20 Min. sachte kochen (öfter umrühren), ½ – 2 Std. nachquellen lassen.
60 ml Buttermilch mit etwas heißer Suppe anrühren, zufügen, danach die zurückgelegten, fein gehackten Sauerampferblätter unterheben.

Würzen mit Salz, etwas Koriander, Anis, etwas Honig,
eventuell Zitronensaft.

Nach dem Würzen 5 – 10 Min. ziehen lassen.

Abrunden mit 3 – 4 EL saurer Sahne, 15 g Butter; abschmecken.

Abwandlung
Diese Suppe schmeckt auch köstlich, wenn man statt Gerstenschrot 15 – 20 g Haferflocken oder Hafermehl verwendet.

Kerbel-Suppe

Vorbereitung
30 g Weizen- oder 35 g Gerstenfeinschrot mindestens 1, am besten 10 Std. in 100 ml Wasser einweichen.

250 ml Wasser erhitzen, Schrot hineinrühren, 20 Min. sachte kochen, öfter umrühren.

Würzen mit Salz, ⅓ TL Anis, ⅓ TL Fenchel, etwas Muskatnuss

Nach dem Würzen ½ – 2 Std. nachquellen lassen.

100 g Kerbel, davon zuerst nur die Stiele, fein schneiden und die Stiele in der Suppe 10 Min. ziehen lassen.
300 ml Milch erhitzen (nicht über 70 °C), zufügen, dann erst das gehackte Kerbelkraut hineinrühren.

Abrunden mit 3 EL süßer Sahne, 10 g Butter; abschmecken.

Fenchel-Buttermilch-Suppe

Besonders schmackhaft auch mit Thermo-Weizen- oder Gerstenfeinschrot; dabei entfällt das Einweichen und man nimmt 600 ml Wasser.
Dieses Rezpet lässt sich auch sehr gut aus «Resten» von Fenchelgerichten kochen.

Vorbereitung
30 g Weizenfeinschrot mindestens 1, am besten 10 Std. in
100 ml Wasser einweichen.

Schalen, Stängel und Kraut von Fenchelknollen (frisch oder getrocknet) in
500 ml Wasser kalt aufsetzen.
Mit 1 TL Fenchel, ¼ TL Aniskörner 20 Min. auskochen, abseihen.
Diese Menge soll 500 ml Brühe ergeben.
Das Schrot hineinrühren, 20 Min. sachte kochen (öfter umrühren),
½ – 2 Std. nachquellen lassen.
100 ml Buttermilch mit etwas heißer Suppe anrühren, dazugeben.

Nachwürzen mit Salz, gem. Fenchel, 1 Msp. Muskatblüte, eventuell 1 Pr. Cayenne (Vorsicht, soll nicht scharf schmecken!), eventuell etwas Apfel-Dicksaft oder Honig.

Abrunden mit 20 g Butter oder 2 EL süßer Sahne; abschmecken.

Grüne Bohnen-Suppe mit Buchweizen

200 g grüne Bohnen abziehen und sehr fein schneiden,
1 kl Zwiebel schälen.

Fäden, Spitzen, harte Schalen, Bohnenkraut und Zwiebelschalen in ca. 600 ml Wasser kalt aufsetzen, 20 Min. auskochen, abseihen.
Zwiebel sehr fein schneiden, mit
2 EL Öl und etwas Brühe zugedeckt andünsten, nach kurzer Zeit die Bohnen zufügen, mitdünsten und nach etwa 10 Min. mit der Brühe auffüllen.
20 g Buchweizengrütze oder -mehl ohne Fett in der Pfanne bei schwacher Hitze unter Rühren leicht rösten, in die Brühe hineinrühren, 10 Min. sachte kochen, dabei öfter umrühren.

Würzen mit Bohnenkraut, Majoran, Basilikum, Kräutersalz

Nach dem Würzen 20 Min. nachquellen lassen.

Abrunden mit 3 EL saurer Sahne; abschmecken. Mit gehackter frischer Petersilie oder Schnittlauch anrichten.

Bohnenkraut-Hafer-Suppe

Vorbereitung
25 – 30 g feine Haferflocken oder Hafermehl mit
80 ml Wasser anrühren und ½ Std. oder länger quellen lassen.

600 ml Wasser oder Gemüsebrühe erhitzen, Flocken oder Mehl hineinrühren, 10 Min. sachte kochen, öfter umrühren.

Würzen mit Kräutersalz, reichlich frisches Bohnenkraut, getrocknet etwas vorsichtiger.

Nach dem Würzen ½ – 1 Std. quellen lassen.

Abrunden mit 2 EL süßer oder saurer Sahne, 10 g Butter; abschmecken.

Grünkernschrot-Suppe

1 kl. Zwiebel fein schneiden, andünsten mit
2 EL Öl und etwas Wasser, auffüllen mit 600 ml Wasser oder Gemüsebrühe, erhitzen,
25 – 30 g Grünkernschrot einweichen oder direkt in die Brühe rühren,
30 Min. sachte kochen, öfter umrühren.

Würzen mit Kräutersalz, Basilikum, Majoran, etwas Bohnenkraut, eventuell 2 Msp. Muskatnuss. 30 Min. nachquellen.

Abrunden mit 3 EL süßer Sahne oder 20 g Butter; abschmecken.

Hirsewasser-Gemüse-Suppe

Diese Suppe bietet sich an, wenn es im Hauptgericht eine Hirsebeilage gibt, da für die Suppe Hirsewasser benötigt wird.
Hierzu werden 100 g Hirse in 750 ml kochendes Wasser 10 – 20 Min. gekocht.

160 g Suppengemüse fein schneiden, in
2 EL Öl wenden und mit etwas Hirsewasser fast gar dünsten, mit Hirsewasser auf gut
600 ml Suppe auffüllen.

Würzen mit Selleriesalz, Salz, reichlich Liebstöckel (am besten frisch), Petersilie, eventuell etwas verriebenen Knoblauch.

Abrunden mit 20 g Butter; abschmecken.

Wünscht man die Suppe dick, dünstet man das Gemüse nur kurz an, fügt 10 – 15 g Hirsefeinschrot oder Hirse hinzu, füllt auf, kocht alles 20 Min., würzt und rundet dann erst ab.

Sellerie-Gerstenschrot-Suppe

Vorbereitung
25 g Gerstenschrot mindestens 1, am besten 10 Std. in
100 ml Wasser einweichen.

Ca. 300 g Sellerie gründlich bürsten, Wurzeln, Schalen, Stängel 30 Min. auskochen und abseihen zur Gemüsebrühe, die man auch für andere Suppen verwenden kann, da Sellerie allein schon genug Würzkraft hat.
Sellerie in feine Stifte schneiden, zugedeckt andünsten mit
2 EL Öl und etwas Wasser oder Brühe, auffüllen mit
500 ml Wasser oder Brühe,
Schrot einrühren, 30 Min. sachte kochen, öfter umrühren.

Würzen mit Selleriesalz, Salz, etwas Anis, Fenchel, 1 Pr. Muskatnuss.

Nach dem Würzen ½ – 3 Std. nachquellen lassen.

Abrunden mit 2 EL süßer Sahne, 10 g Butter; abschmecken.
Sellerieblätter fein hacken und vor dem Servieren darüberstreuen.

Salat-Suppe

Für diese Suppe verwendet man geschossenen Salat.

Vorbereitung
25 g Gersten- oder 30 g Weizenfeinschrot mind. 1, am besten 10 Std. in 100 ml Wasser einweichen.

Salatstrünke schälen, d.h. von der Wurzel her abziehen, einige zarte Blätter zurücklegen; restliche Blätter, Schalen und Gewürze: ⅓ TL Anis, ⅓ TL Fenchel, 1 Lorbeerblatt, 7 Wacholderbeeren, mit
500 ml Wasser kalt aufsetzen, 20 Min. auskochen, abseihen.
Diese Menge ergibt 450 ml Brühe.
Das eingeweichte Schrot hineinrühren, 20 Min. sachte kochen (öfter umrühren), ½ – 2 Std. nachquellen lassen.
1 gute Handvoll geschälte, fein geschnittene Strünke in
1 – 2 EL Öl und etwas Brühe andünsten, in der Suppe ziehen lassen,
150 ml Milch erhitzen, (nicht über 70 °C), zur Suppe geben, dazu die fein geschnittenen zarten Salatblätter.

Würzen mit Kräutersalz, 2 Msp. Muskatnuss, ½ TL Dillspitzen, ½ TL Basilikum, fein gehackte Petersilie oder Schnittlauch.

Abrunden mit 3 EL süßer Sahne oder/und 30 g Rahmkäse, verrührt mit etwas Suppe; abschmecken.
Wer die milde Suppe schärfer liebt, fügt 1 Pr. Cayenne und etwas zerriebenen Knoblauch hinzu.

Löwenzahn-Suppe

Diese Suppe wird wie die Salat-Suppe zubereitet (siehe Seite 75): Brühe kochen aus kräftigen Löwenzahnblättern, eventuell auch Wurzeln, zarte Blätter frisch gehackt zuletzt hinzufügen, abrunden, abschmecken.

Thymian-Gerstenschrot-Suppe

Vorbereitung
30 – 35 g Gerstenschrot mindestens 1, am besten 10 Std. in 200 ml Wasser einweichen.

500 ml Wasser oder Gemüsebrühe erhitzen, das Schrot einrühren, 30 Min. sachte kochen, öfter umrühren.

Würzen mit Salz, reichlich Thymian (frisch oder getrocknet).

Nach dem Würzen ½ – 3 Stunden nachquellen lassen.

Abrunden mit 3 EL süßer Sahne, 20 g Butter; abschmecken.

Sauerkraut-Suppe mit Buchweizen

400 ml Wasser kalt aufsetzen und mit
½ TL Senfkörner, 6 Wacholderbeeren, ½ TL Kümmel, etwas Estragon, etwas Salbei
ca. 15 Min. auskochen, absieben.
30 g Buchweizenfeinschrot bzw. -mehl mit
100 ml Wasser anrühren, mit dem Schneebesen in die Brühe hineinrühren,
10 Min. sachte kochen, öfter umrühren.
20 Min. nachquellen lassen.
Ca. 80 g Sauerkraut fein schneiden, mit
100 ml Sauerkrautsaft erst zuletzt zur Suppe geben, nicht mehr kochen.

Würzen mit den vorher angegebenen Gewürzen, aber gemahlen bzw. fein verrieben, eventuell noch etwas Dill, 1 Pr. Cayenne, geriebene Zwiebel oder Knoblauch, Kräutersalz.

Abrunden mit 20 g Butter oder 2 – 3 EL süßer Sahne; abschmecken.

Zu starke Säure eventuell mit etwas Apfelsaft mildern.

Blumenkohl-Suppe mit Hirsefeinschrot

Diese Suppe wird aus restlichem Kochwasser und Brühe aus «Resten» oder verkümmertem Blumenkohl gekocht.

Vom Strunk abgezogene faserige Schalen – Mark als Gemüse oder Suppeneinlage verwenden – und Blätter in gut
700 ml Wasser kalt aufsetzen. Mit
2 TL Senf, ½ TL Fenchel- und ¼ TL Aniskörnern, 6 Wacholderbeeren
20 Min. kochen
Dann etwas Estragon, Zitronenthymian, Blüten von Kamille oder Schafgarbe zugeben und erneut aukochen.
10 Min. durchziehen lassen, abseihen. Diese Menge ergibt 600 ml Brühe.
25 g Hirsefeinschrot mit ½ Tasse kaltem Wasser anrühren, in die kochende Brühe einlaufen lassen, 10 Min. kochen, öfter umrühren.

Würzen mit Estragon, Curry oder Muskatnuss, einige Tropfen Zitronensaft oder Molkosan, etwas Honig, Salz.
Nach dem Würzen 20 Min. nachquellen lassen, eventuell vorhandene Reste von Blumenkohlgemüse zufügen.

Abrunden mit ca. 80 g Sahne (mit geschlagener besonders fein), etwas Butter; abschmecken.

Abwandlung

Mit dem goldgelben Hirsefeinschrot sieht die Suppe zwar besonders ansprechend aus, sehr gut ist sie aber auch mit Hafermehl bzw. verriebenen Haferflocken, mit Weizen- oder Gerstenfeinschrot.

Tomaten-Suppe mit Gersten- oder Weizenfeinschrot

700 ml Wasser kalt aufsetzen und mit
6 Wacholderbeeren, 1 Lorbeerblatt, 3 Nelken, ⅓ TL Korianderkörner, Schalen von 3 – 4 Zwiebeln 20 Min. kochen.
Danach etwas Majoran, Thymian, Basilikum, Estragon hinzufügen und nochmals aukochen.
10 Min. durchziehen lassen, abseihen.
Diese Menge soll 600 ml Brühe ergeben.
2 – 3 Zwiebeln, mittelgroß, und Petersilienstiele fein schneiden, in 2 – 3 EL Öl und 1 EL Brühe dünsten, mit der Brühe auffüllen.
35 g Gersten- oder 50 g Weizenfeinschrot unter Rühren in einer Pfanne leicht rösten, in die kochende Brühe einrühren, 30 Min. sachte kochen, öfter umrühren.
500 g Tomaten kurz in kochendes Wasser legen, abhäuten, durch Sieb oder Wolf passieren, roh zufügen, nicht mehr kochen.

Würzen mit Kräutersalz, Basilikum, Dill, eventuell etwas Honig, Zitronensaft oder Molkosan, etwas Knoblauchpulver, eventuell 1 Pr. Cayenne, Schnittlauch, Petersilie.

Abrunden mit 100 g geschlagener Sahne; abschmecken.

Abwandlung I

Schrot nicht rösten, sondern 1 – 3 Std. einweichen. Oder anstelle von Schrot feine Haferflocken entweder im Drahtsieb verreiben oder mindestens ½ Std. einweichen. Entsprechend weniger Wasser für die Brühe verwenden.

Abwandlung II

Als Einlage 80 g gekochten Reis (eventuell Resteverwertung), und statt der Sahne 100 ml mehr Brühe herstellen, mit Butter abrunden.

Abwandlung III

Nur 400 ml Brühe herstellen, das Schrot 30 Min. darin kochen, 300 ml Milch erhitzen (möglichst nicht über 70 °C), zufügen, danach die passierten Tomaten. Abrunden mit Butter. Diese Variante ist besonders mild.

Gurken-Suppe mit Weizenfeinschrot

Diese frische Suppe lässt sich auch aus «Resten» anderer Gurkengerichte zubereiten.

Vorbereitung
30 g Weizenfeinschrot mindestens 1, am besten 10 Std. in
100 ml Wasser einweichen.

Gurkenschalen, -kerne und weiche Teile 15 – 20 Min. auskochen in gut
500 ml Wasser mit
⅓ TL Fenchelkörner, 1 gr. Msp. Ysop, 1 TL Estragon, 1 TL Dill,
1 TL Basilikum auskochen, abseihen.
Diese Menge soll 500 ml Brühe ergeben.
Das Schrot einrühren, 30 Min. sachte kochen (öfter umrühren), ½ – 2 Std. nachquellen lassen.
150 g geschälte Gurken in kleine Würfel schneiden, mit
2 EL Öl und etwas Brühe oder Wasser dünsten.

Würzen mit Kräutersalz, Dill, Estragon, fein geschnittenen Petersilienstielen, Basilikum, eventuell 1 Pr. Cayenne.

Nach dem Würzen 10 Min. ziehen lassen.

Abrunden mit 3 – 4 EL saurer Sahne, eventuell etwas Buttermilch – beides zuvor mit ein wenig heißer Suppe anrühren, eventuell mit einigen Tropfen Molkosan leicht säuern; abschmecken. Mit Petersilie oder Schnittlauch überstreut servieren.

Kürbis-Suppe – herzhaft, pikant mit Weizen- bzw. Gerstenfeinschrot

Diese herzhafte Suppe lässt sich auch aus «Resten» anderer Kürbisgerichte kochen.

Vorbereitung

25 g Gersten- oder 30 g Weizenfeinschrot mindestens 1, am besten 10 Std. in
100 ml Wasser einweichen.

Kürbisschalen, -kerne, weiche Teile 15 – 20 Min. in gut
500 ml Wasser mit
Ingwerwurzel geschabt, 1 Stck. Zimtstange, je ¼ TL Anis- und Korianderkörner, 2 Nelken, 1 kl Lorbeerblatt, etwas Zitronenschale auskochen, abseihen.
Diese Menge soll 500 ml Brühe ergeben.
Das eingeweichte Schrot hineinquirlen, 30 Min. sachte kochen (öfter umrühren), ½ – 2 Std. nachquellen lassen.
1 kl. Zwiebel klein schneiden,
1 – 2 Tomaten oder 1 sauren Apfel, 1 kl. Paprikaschote klein schneiden, in 2 EL Öl und 1 EL Wasser andünsten, zur Suppe geben, kurz aufkochen.
200 – 300 g rohes Kürbisfleisch sehr fein hineinreiben.

Würzen mit Kräutersalz, Mango-Chutney (=süß-sauer), ersatzweise Molkosan oder Zitronensaft mit Honig oder Apfel-Dicksaft, ca. ¼ TL Koriander gemahlen, ½ – 1 TL Ingwer (frisch gerieben), je 1 Pr. Nelke, Piment,

Muskatblüte, etwas Knoblauch, frisch gepresst, verrieben oder als Pulver. Nach dem Würzen 10 – 20 Min. ziehen lassen.

Abrunden mit 3 – 4 EL saurer oder süßer Sahne; abschmecken.

Anrichten mit knusprigen Bröckchen (siehe Seite 39) oder Kürbiskernen.

Abwandlung
Kürbissuppe mild und voll für Kinder und Magenempfindliche

Zubereitung wie vorher «Kürbis-Suppe herzhaft», aber binden mit 20 g Hafermehl (besonders schmackhaft von leicht gedarrtem Hafer), das mit ½ Tasse Wasser oder kalter Brühe angerührt wird.

Beim **Würzen** die starken exotischen Gewürze reduzieren, dafür mehr Anis und Fenchel verwenden.

Abrunden mit 4 EL süßer Sahne; abschmecken.

Anrichten mit knusprigen Bröckchen (siehe Seite 39).

Brot-Suppe – herzhaft mit Lauch

Vorbereitung
70 – 120 g Vollkornbrotreste (hart getrocknet) einige Stunden in
1 l Wasser mit
ca. 1 TL Senfkörner, ½ TL Thymian, 1 TL Kümmel (gem.), ½ TL Koriander (gem.) einweichen

Wenn alles durchweicht ist, zerstampfen oder mit der Hand fest ausdrücken und zerkrümeln, abseihen und mit dem Einweichwasser eine Brühe herstellen:
90 g Lauch – ersatzweise Zwiebeln – klein schneiden, in
30 g Butterschmalz oder Öl mit etwas Einweichwasser zugedeckt 15 Min. dünsten, mit dem restlichem Einweichwasser auffüllen.
Brot und Gewürze zufügen:
12 Wacholderbeeren, 2 Lorbeerblätter.
10 Min. kochen, öfter umrühren.

Nachwürzen mit den zuerst angeführten Gewürzen und Kräutersalz, eventuell Knoblauch.

Abrunden mit 4 EL Sahne.

Anrichten mit wahlweise gehackten frischen Kräutern:
Sellerieblätter, Liebstöckel, Brennnessel oder anderen Wildkräutern; gut auch mit etwas geriebenem Käse.

Abwandlung I

Hat man keine trockenen Brotreste, «hobelt» man dünne «Späne» von Vollkorn- oder Graubrot, übergießt sie kurz vor dem Anrichten mit kochender Lauch-Gewürzbrühe und rundet mit Butter oder frischem Leinöl ab, damit die Suppe klar bleibt. Abschmecken und anrichten wie zuvor.

Abwandlung II

Altbackenes, noch nicht hartes Brot in kleine Würfel schneiden, mit Butterschmalz und Zwiebeln oder Lauch leicht rösten, mit Brühe und Gewürzen kurz aufkochen, 10 Min. ziehen lassen. Abschmecken und anrichten wie zuvor.

Roggen-Kümmel-Suppe – sämig-mild

Vorbereitung
35 – 40 g Roggenfeinschrot mindestens 1, am besten 10 Std. in
100 ml Wasser einweichen.

500 ml Wasser kalt aufsetzen mit
1 mittelgroßes Lorbeerblatt, 6 Wacholderbeeren, eventuell 1 Zwiebel
10 Min. auskochen, abseihen.
Das eingeweichte Schrot hineinrühren, 30 – 40 Min. sachte kochen, öfter umrühren.

Würzen mit 2 geh. TL Kümmel, ¼ TL Koriander, ½ TL Fenchel (alles gemahlen), ¼ TL Thymian, Salz.

Nach dem Würzen 1 – 2 Std. nachquellen lassen.
50 – 60 ml Buttermilch hinzufügen – vorher mit etwas heißer Suppe anrühren.

Abrunden mit 3 – 4 EL süßer oder saurer Sahne (saure vorher mit etwas heißer Brühe anrühren), 10 g Butter; abschmecken.

Roggen-Kümmel-Suppe – kräftig-herzhaft

2 – 3 TL Kümmelkörner ohne Fett in der Pfanne leicht rösten.* Dann die Körner zweimal nacheinander mit jeweils gut 250 ml kaltem Wasser auskochen,
1 kl. Lorbeerblatt, 7 Wacholderbeeren zufügen und 15 Min. kochen, abseihen.
Die Menge soll insgesamt 500 ml Brühe ergeben.
35 g Roggenfeinschrot ohne Fett leicht rösten,** in
150 ml Wasser anrühren, mit dem Schneebesen in die kochende Brühe einrühren.

Würzen mit ¼ TL Thymian, eventuell 100 g Lauch (sehr fein geschnitten), 1 TL Linusit oder Leinsamen (frisch gemahlen).

Nach dem Würzen 20 – 30 Min. sachte kochen (öfter umrühren). Möglichst 1 – 2 Std. nachquellen lassen. Erst am Ende salzen.

Abrunden mit 4 EL süßer oder saurer Sahne (saure vorher mit etwas heißer Brühe anrühren), eventuell etwas Butter oder frisches Leinöl; abschmecken.

*Andere mildere Art ohne Rösten: Kümmel über Nacht mit etwas kaltem Wasser einweichen.
**Man kann auch Thermomehl verwenden, dann entfällt das Rösten.

Rote-Bete-Roggen-Suppe – sehr pikant

Die pikante Suppe kann man auch aus «Resten» oder dem Kochwasser von anderen Rote-Beete-Gerichten zubereiten.

Vorbereitung

30 g Roggenfeinschrot mindestens 1, am besten 10 Std. in
100 ml Wasser einweichen.

Schalen, Wurzeln, Stängel von Rote Bete, etwas Sellerie- und Apfelschalen, Lauchwurzeln oder -blätter und
1 Lorbeerblatt, ½ TL Anis, ¾ TL Kümmel, 2 Pimentkörner, 2 Nelken, ¼ TL Korianderkörner mit
700 ml Wasser bzw. Rote-Bete-Kochwasser aufsetzen, 30 Min. auskochen, abseihen.
Diese Menge soll 500 ml Brühe ergeben.
Das eingeweichte Schrot hineinrühren, 20 Min. sachte kochen (öfter umrühren).

Würzen mit den vorher angegebenen Gewürzen, aber gemahlen, etwas Selleriesalz.
Pikant, leicht säuerlich-süß abschmecken mit Sauerkrautsaft oder Molkosan, etwas Honig oder Apfel-Dicksaft, etwas geriebenem Meerrettich, 1 Pr. Muskatblüte oder Cayenne, Salz.

Nach dem Würzen möglichst 1 – 3 Std. nachquellen lassen.

Abrunden mit 30 g Rahmkäse oder Sahne; abschmecken.

Wenn wenig Schalen für die Brühe oder nur Kochwasser von Rote Bete verfügbar waren, lässt sich die Suppe leicht verfeinern:
1 kl. Rote Bete, sehr fein in Sauerkrautsaft oder verdünntes Molkosan reiben, darin mindestens 30 Min. ziehen lassen, zuletzt zur Suppe geben (nicht mehr kochen) und abschmecken.

Buchweizen-Suppe – herzhaft

20 – 25 g Buchweizengrütze oder -schrot ohne Fett in der Pfanne bei schwacher Hitze unter Rühren leicht rösten.
1 – 2 kl. Zwiebel oder 1 Lauchstange sehr fein schneiden, mit
2 EL Öl und 2 EL Wasser zugedeckt andünsten, mit gut
650 ml Wasser oder Gemüsebrühe auffüllen, Buchweizen hineinrühren, 10 Min. sachte kochen (öfter umrühren), 20 Min. nachquellen lassen.

Würzen mit Kräutersalz, Liebstöckel (frisch gehackt oder getrocknet), reichlich Petersilienstiele (fein geschnitten)

Abrunden mit 20 g Butter und reichlich gehackter Petersilie; abschmecken.

Curry-Suppe mit Hirsefeinschrot und Äpfeln

Ca. 60 g Zwiebeln sehr fein schneiden oder reiben, mit
3 EL Öl und 3 EL Wasser 5 Min. zugedeckt dünsten,
400 ml Wasser zugeben, aufkochen.
25 g Hirsefeinschrot mit
150 ml Wasser anrühren, in das Zwiebel-Wasser einrühren, würzen mit:
1 ½ TL Curry, ⅓ TL Ingwer (frisch gerieben), 1 Lorbeerblatt, ⅓ TL Anis, 1 Pr. Piment, Salz.
20 Min. sachte kochen.
100 g säuerliche Äpfel schälen, in feine Scheibchen schneiden, zartschalige eventuell ungeschält verwenden, in der Suppe 5 – 10 Min. bei mäßiger Hitze gar kochen.
200 ml Milch auf 50 – 60 °C erhitzen und zufügen. Einige Minuten ziehen lassen, dabei alles nicht über 70 °C erhitzen.

Abrunden mit 4 EL süßer Sahne, ca. ½ TL Zitronensaft, etwas Apfel-Dicksaft, etwas Honig oder Rübensirup. Zum Anrichten können auch leicht angebratene Apfelstücke auf einem Spieß dazugereicht werden.

Abwandlung

40 – 45 Reisfeinschrot oder 35 – 40 g Maisfeinschrot, jeweils mindestens 1, besser 10 Std. in
150 ml Wasser einweichen. Weiter wie zuvor beschrieben.
Beide Getreide werden durch Curry und Ingwer gut ergänzt.

Majoran-Suppe mit Gerste und Äpfeln

Diese Suppe wird wie die Curry-Suppe zubereitet, jedoch zudem
20 – 30 g Gerste mindestens 1, besser 10 Std. in
150 ml Wasser einweichen.

Würzen mit 1 – 2 TL Majoran, ⅓ TL Thymian, etwas Muskat, Salz.

Einbrenn-Suppe – geröstete Grieß-Suppe

Diese Suppe schmeckt auch gut, wenn man abgesiebtes Roggen-, Weizen- oder Gerstenschrot verwendet.

75 – 80 g Grieß unter ständigem Rühren haselnussbraun rösten,
1 gr. Zwiebel klein schneiden, zuletzt kurz mitrösten.
800 ml Gemüsebrühe – kalt oder heiß – zugießen, 15 Min. sachte kochen, salzen, würzen, ziehen lassen.

Würzen mit Liebstöckel, Thymian, Schnittlauch, Petersilie.

Abrunden mit 30 g Butter oder Leinöl; abschmecken.

Thermo-Roggenmehl-Suppe

50 g Thermo-Roggenmehl mit 1 ½ Tassen kaltem Wasser anrühren;
150 g Lauch längs und quer fein schneiden, mit
3 EL Öl und ½ Tasse Wasser 5 Min. dünsten.
600 ml kaltes Wasser und
1 gr. Lorbeerblatt, 7 Wacholderbeeren, 1 ½ TL Koriander, ½ TL Kümmel, je 1 TL Liebstöckel und Thymian, alles gemahlen, zufügen.
5 Min. auskochen, dann das Thermomehl 5 Min. sachte darin kochen, möglichst 30 Min. oder länger nachquellen lassen.

Abrunden mit etwas Knoblauch,
50 g Butter oder Sahne bzw. 50 g Doppelrahmkäse (angerührt), Kräutersalz, eventuell Gemüsebrühe.

Ingwer-Suppe – feurig und wärmend

Diese Suppe ist so recht geeignet für Grippewetter und bei Infektgefahr. Es ist günstig, als Ergänzung Sauerkrautrohkost, Rote Bete roh oder gekocht sowie Hirsegerichte zur Mahlzeit zu reichen.

50 g Zwiebeln sehr fein schneiden oder reiben
120 g Äpfel (möglichst Boskop) klein schneiden, in
3 EL Öl und 3 EL Wasser 5 Min. zugedeckt dünsten.
500 ml Wasser auffüllen; wenn es kocht,
25 g Hirsefeinschrot mit 3 EL Wasser anrühren, in die Brühe geben und
½ Std. sachte darin kochen, danach
150 ml Milch auf 50 – 60 °C erhitzen und zufügen. Einige Minuten ziehen lassen, dabei nicht über 70 °C erhitzen.

Würzen mit Salz, 1 – 2 ½ TL Ingwer (frisch gerieben), ½ TL Anis, ½ TL Koriander, ¼ TL Muskatnuss.

Abrunden mit etwas Apfel-Dicksaft, 3 – 4 EL saurer oder süßer Sahne, etwas Honig und Zitronensaft.

Suppe für Eilige

gebunden

750 ml Wasser (das sind etwa 5 Tassen) erhitzen.
40 g Hafermehl* mit dem Schneebesen einrühren, 5 – 10 Min. sachte kochen, etwas nachquellen.**
5 geh. TL Gemüsebrühe mit etwas kaltem Wasser anrühren.
4 – 6 EL Sahne zufügen, beides in die Suppe rühren, nicht mehr kochen, mit Kräutersalz und Petersilie abschmecken.

Abwandlung

4 – 6 EL Tomatenmark zufügen, mit Liebstöckel, Basilikum, Knoblauchpulver abschmecken.

*Eventuell Flocken bzw. Hafermehl im vorgewärmten Thermosgefäß überbrühen, kurz vor dem Essen hinzufügen.
**Oder aus dem Vorrat: Haferflocken, fein verrieben, im groben Drahtsieb bzw. in der Schrotmühle.

Suppe für Eilige

klar

Diese schnelle Suppe lässt sich wahlweise auch mit Roggen-, Weizen- oder Gerstenflocken zubereiten.

800 ml kaltes Wasser (das sind etwa 5 Tassen, strichvoll) mit
60 – 80 g Flocken (4 – 6 geh. EL) aufkochen, 5 – 10 Min. quellen lassen.
4 geh. TL Gemüsebrühe mit etwas kaltem Wasser anrühren, kurz vor dem Verzehr zufügen, nicht über 50 – 60 °C erhitzen.
Anreichern bzw. geschmacklich verändern mit
2 – 4 EL Leinöl oder 40 – 50 g Butter.
2 Tomaten, klein geschnitten, frische Garten- oder Wildkräuter untermischen.

Suppen als Hauptgericht

Suppen als Hauptgericht

Der Eintopf

Der Eintopf ist als sättigende dicke Suppe – im Gegensatz zur leichten Vorsuppe – das Hauptgericht einer Mahlzeit, dem ein süßer Nachtisch folgt.
Man wählt für den Eintopf verschiedene Gemüse, die sich gut ergänzen, dazu manchmal auch Obst, vor allem aber Getreide – ganze Körner oder Grütze – oder mehlige Kartoffeln.*
Alles wird in einem Wärmeprozess miteinander durch das Kochen oder das Durchziehen am Ende der Kochzeit in einem Topf verbunden.
Dabei können sich neue Aromen entwickeln, gewissermaßen in der Wärme ausreifen.
Die meisten Getreide haben eine längere Garzeit als das Gemüse. Setzt man das Gemüse erst dann zu, wenn das Getreide schon fast weich ist, so besteht die Gefahr, dass das Getreide anhängt.
Um das zu vermeiden, folgt hier ein Vorschlag für eine wertschonende und energiesparende Zubereitung.

Das Getreide für sich allein mit den Gewürzen in gut 1 Liter Wasser einweichen, kochen und in Kochkiste oder Thermosgefäß nachquellen lassen.

* Auf Rezepte mit Kartoffeln wurde verzichtet, da es hier darum geht, dem Getreide wieder den ihm gebührenden Rang in unserer Ernährung zu geben.

Das Gemüse behutsam nach den Angaben in den Rezepten für sich dünsten und würzen. Dann bleiben die Vitamine und das volle Aroma weitgehend erhalten. Zum Durchziehen 15 Min. vor dem Anrichten beides in einem Topf vermischen.

Wer einen Turmdünster mit Glaseinsätzen hat, kann – ohne ein Anhängen zu befürchten – Getreide und Gemüse in einem Topf kochen, bei gleicher Garzeit von Anfang an, bei unterschiedlicher das Gemüse später zusetzen. Auch gekochte Getreidereste lassen sich für den Eintopf verwenden; er sollte dadurch aber nicht zur «Wochenschau der Küche» degradiert werden.

Eintopf mit Getreide und Frischgemüse

Einige Getreide eignen sich hierfür insbesondere als Grütze und Thermo-Grütze; als ganzes Korn nur Hirse, Buchweizen, Hafer, Grünkern, Reis, eventuell Gerste verwenden.

Getreidemengen wahlweise für einen «ausgewogenen» Eintopf:
140 g Buchweizen oder Buchweizengrütze
120 g Gerstengrütze
120 g Grünkern oder Grünkerngrütze
160 g Hafer
120 g Hirse
100 g Maisgrieß (grob)
120 g Reis
110 g Roggengrütze
100 g Weizen

Das Mengenverhältnis von Getreide und Gemüse lässt sich je nach Vorliebe variieren:

90 g Gerstengrütze mit 500 g Frisch-Gemüse	ein besonders leichter Eintopf
120 g Gerstengrütze mit 400 g Frisch-Gemüse	ein ausgewogener Eintopf
160 Gerstengrütze mit 320 g Frisch-Gemüse	ein stark sättigender Eintopf

Alle Angaben sind für 4 Personen berechnet.

Als eiweißreiche Ergänzung empfiehlt sich zum Überstreuen geriebener Käse, Sesam, Kräutersalz.

Als Zugabe knuspriges Käsegebäck.

Als Nachtisch eine Quarkspeise, etwa Obstquark oder Gersten-Quark-Sahne-Creme.
Hierzu 70 g Gerste entsprechend einweichen (siehe Tabelle auf Seite 151), mit 3 Feigen kochen und beides im «Wolf» passieren.
250 ml Milch leicht erwärmen und das Gersten-Feigen-Mus mit 200 g Quark cremig rühren.

Würzen mit etwas Anis, Ingwer (frisch gerieben) und 1 Pr. Salz.

Eintopf mit Hülsenfrüchten

Erbsen, Linsen, Bohnen

Allgemeine Hinweise

Erbsen, Linsen oder Bohnen 10 Std. in lauwarmem Wasser einweichen, dann sachte darin kochen, nie kaltes Wasser nachfüllen, nur heißes. Salzen erst am Ende der Nachquellzeit, durchziehen lassen. Die Garzeit hängt vom Härtegrad des Wassers, von Anbau, Sorte und Alter der Hülsenfrüchte ab.

Hülsenfrucht	Einweichzeit	Kochzeit	Nachquellzeit
Linsen	10 Std.	½ Std.	½ – 2 Std.
Bohnen	10 Std.	1 – 2 Std.	1 – 3 Std.
Erbsen	10 Std.	½ Std.	1 – 2 Std.
		ungeschälte entsprechend länger	

Hülsenfrüchte sind schwer verdaulich, deshalb sollten wir sie so zubereiten, dass sie geschmacklich anregender und – besonders für Magenempfindliche – bekömmlicher werden.
Dies erreicht man mit verschiedenartigen Zutaten und Ergänzungen; unter anderem bewirken Frucht- und Gerbsäuren einen verstärkten Einsatz der Verdauungssekrete.

Zur Eiweißfrage bei Eintöpfen mit Hülsenfrüchen

Neben reichlich Stärke enthalten Hülsenfrüchte besonders viel Eiweiß, worauf ihr hoher Sättigungswert beruht. Das in Zellen eingeschlossene Eiweiß ist schwer zu lösen.
Diese Überbeanspruchung im Verdauungssystem kann den Organismus belasten. Um dem entgegenzuwirken, ergänzt man die Hülsenfrüchte durch die angegebenen Zutaten.

Zutaten und Ergänzungen zur Wahl

Gewürze

Thymian, Majoran, Bohnenkraut, Basilikum, Salbei, Pfefferminze, Rosmarin, Liebstöckel, Koriander, Fenchel, Dill, Kümmel, Anis, Petersilie, Senfkörner, Löffelkraut, Wiesenschaumkraut, Gartenkresse, Knoblauch, Zwiebel, Schnittlauch, Estragon, Sauerampfer, Ingwer.

Gemüse

Möhren, Pastinaken, Sellerie, Wurzelpetersilie, Lauch, Zwiebel.
Diese Gemüse werden mitgekocht und passen zu allen Hülsenfrüchten.

Die folgenden Gemüse werden nicht mitgekocht, sondern erst am Ende zugegeben:

Milchsaure Gemüse wie:
grüne Bohnen zum Maiseintopf,
Gewürzgurken zum Rote-Bete-Eintopf,
Zwiebel, Paprika oder Sauerkraut zum Reiseintopf usw.

Früchte und Fruchtsäuren wie:
Äpfel oder Dörrzwetschgen,
Zitronensaft oder Apfelessig
(ersatzweise Molkosan oder Kannes Brottrunk).
machen Eintöpfe bekömmlicher.

Von den Früchten passen:
Äpfel zu Bohnen,
Äpfel und Dörrzwetschgen zu Linsen,
Fruchtsäuren zu Linsen und Bohnen.

Nach einem Eintopfgericht bieten sich in Nachspeisen besonders Preiselbeeren, Heidelbeeren, Moosbeeren, Ebereschen an.

Die Erfahrung, dass eine gewisse Einseitigkeit der Hülsenfrüchte dazu auffordert, nach geeigneten Ergänzungen zu suchen, machte die heutige Ernährungswissenschaft durch neuere Analysen:
Das Eiweiß der Hülsenfrüchte verlangt durch die spezifische Zusammensetzung seiner Aminosäuren (Eiweißbausteine) eine Ergänzung durch andere Aminosäuren. Milcheiweiß ist dafür ungeeignet, dagegen erwiesen die Untersuchungen, dass das Eiweiß des Getreides die fehlenden Aminosäuren

enthält. So sieht auch die Ernährungswissenschaft das Getreide als gute Ergänzung an.

Geprüfte und empfohlene Zusammenstellungen sind:

Linsen und Erben	mit Roggen* und Weizen**
Bohnen	mit Mais***

Als Nachtisch

Für Gerichte aus Hülsenfrüchten sollte man also aufgrund dieser Untersuchungsergebnisse keine Milch- und Quarkspeisen wählen.
Dagegen ist Obst in jeder Form sehr geeignet, als Obstsalat oder als Kompott, als Bratapfel oder gedünsteter Apfel, gefüllt mit Preiselbeeren und/oder Ebereschen; oder eine erfrischende Obstspeise wie Malven-Apfelgelee, Rote Grütze, Rhabarber-Apfel-Grütze usw.

* Besonders bekömmlich und schmackhaft als Thermo-Roggengrütze.
** Besonders bekömmlich und schmackhaft als Grünkerngrütze.
*** Zum Beispiel in Form von «Weichen Würfeln» aus Maisgrieß siehe auch Seite 40.

Reis-Eintopf mit Sauerkraut

90 – 120 g Reis vorbereiten und kochen wie auf Seite 126 bei «Reis-Eintopf mit Gemüse» angegeben, gut würzen.

600 ml Wasser kalt aufsetzen mit:
2 TL Senfkörner, ½ TL Kümmelkörner, 1 gr. Lorbeerblatt, 7 Wacholderbeeren, ¼ TL Thymian, 1 Stck. Ingwer und Kräutersalz.
30 Min. auskochen, Brühe abseihen.

1 kl. Stange Lauch, 2 Zwiebeln klein schneiden, in
3 EL Öl oder Butterschmalz (lauwarm) wenden,
mit etwas Wasser 20 Min. dünsten.
700 g Sauerkraut fein schneiden, ebenso
1 – 2 süßsaure Äpfel (Boskop), beides mischen.

Würzen mit Kümmel (gemahlen), Anis, Dill, Basilikum, Meerrettich, etwas Knoblauch oder 1 Pr. Cayenne, eventuell Kräutersalz.

Das gut gewürzte Sauerkraut mit Lauch, Zwiebeln und
4 EL Öl mischen, leicht anwärmen, nicht kochen, die heiße Brühe und den gut abgeschmeckten Reis zufügen, 10 Min. durchziehen lassen, ggf. nachwürzen.

Abrunden mit 5 EL Sahne; abschmecken, mit Schnittlauch bestreuen.

Linsen-Eintopf mit Gersten- oder Grünkerngrütze

Die nachfolgende Mengenangabe ergibt ca. 2 Liter.

Vorbereitung
200 g Linsen 10 Std. in
400 ml Wasser oder Gemüsebrühe einweichen;
180 g Dörrzwetschgen mit Stein 10 – 24 Std. in
500 ml lauwarmem Wasser einweichen.
60 g Gerste grob schroten, mindestens 1, am besten 10 Stunden in
100 ml Wasser einweichen
oder statt Gerste 80 g Grünkern verwenden. Dieser kann – muss aber nicht – eingeweicht werden.

800 ml Wasser mit Linsen, Getreideschrot und dem gesamten Einweichwasser aufsetzen.

Würzen mit ½ TL Basilikum, ¼ TL Estragon, 1 TL Senfkörner, 12 Wacholderbeeren, je 1 großes Blatt Sellerie und Liebstöckel frisch oder je ½ TL getrocknet, je ⅓ TL Thymian und Majoran, 1 Lorbeerblatt, etwas Pfefferminze.

Nach dem Würzen 20 – 30 Min. köcheln lassen.
Zwetschgen mit Einweichwasser zufügen, aufkochen; mindestens 60 Min. nachquellen lassen.
160 – 200 g Suppengemüse (Lauch bzw. Zwiebel, Sellerie, Möhre, Pastinake) klein schneiden, ca. 20 Min. dünsten mit 3 EL Öl oder Butterschmalz,

etwas Wasser und mit etwas Kümmel, Fenchel, Liebstöckel, zuletzt Selleriesalz würzen.
Gemüse und Linsen zusammen in einen Topf schütten, kurz durchkochen. Mit Kräutersalz, etwas Ingwer und Knoblauch (gerieben), Zitronensaft bzw. Molkosan, eventuell Apfel-Dicksaft nachwürzen.

Abrunden mit wahlweise 50 – 70 g Butter, 4 EL Leinöl, Sahne; abschmecken und mit Schnittlauch überstreuen.

Abwandlung I

250 g säuerliche Äpfel statt Trockenpflaumen verwenden.

Würzen mit Ingwer, Anis, Koriander, Liebstöckel, Thymian, Majoran, Wacholderbeeren, eventuell Zwiebel, Salz; nachwürzen wie zuvor beschrieben.

Abwandlung II

250 g Gemüsemischung verwenden.

Würzen mit Liebstöckel, Fenchel, Kümmel, Basilikum, etwas Thymian, Löffelkraut, Kräutersalz; nachwürzen wie zuvor beschrieben.

Gersten-Eintopf mit Gemüse, sämig

Vorbereitung
… mit Thermo-Gerstengrütze – ohne Einweichen;
… mit grob geschroteter Gerste – einweichen;
… mit ganzen Körnern – einweichen;
… mit grober oder feiner Rollgerste – möglichst einweichen.

Siehe auch die Tabelle auf Seite 151.

… mit Thermo-Gerstengrütze

800 ml Wasser aufkochen mit
7 Wacholderbeeren, 1 Lorbeerblatt, ¼ TL Thymian.
120 g Thermo-Gerstengrütze einrühren, 5 Min. sachte kochen, 40 Min. nachquellen, salzen.

Man kann die Grütze auch mit Gewürzen vermischt im gut vorgewärmten Thermosgefäß mit 800 ml Wasser überbrühen.
2 Std. oder länger nachquellen lassen und salzen.

Danach wie ab Seite 123 unter Zubereitung beschrieben weiterkochen.

… mit grob geschroteter Gerste

120 g Gerstenschrot mindestens 1, am besten 10 Std. in
400 ml Wasser einweichen mit
7 Wacholderbeeren, 1 Lorbeerblatt, ¼ TL Thymian.

450 ml Wasser erhitzen, eingeweichtes Schrot hineinrühren, 10 Min. sachte kochen, 40 Min. nachquellen lassen, salzen.

Danach wie ab Seite 123 unter Zubereitung beschrieben weiterkochen.

… mit ganzen Körnern

120 g Gerste mindestens 1, am besten 10 Std. in
850 ml Wasser einweichen mit
7 Wacholderbeeren, 1 kl. Lorbeerblatt, 10 Korianderkörner.

Gerste in Einweichwasser 20 Min. sachte kochen, 3 Std. nachquellen lassen, salzen.

Danach wie ab Seite 123 unter Zubereitung beschrieben weiterkochen.

Will man als Nachtisch «Gersten-Quark-Sahne-Creme» reichen, so weicht man dafür gleich 50 g Gerste mehr ein, kocht alles weich, nimmt gut ein Drittel ab und passiert es. Die Rückstände und etwas von der passierten Gerste fügt man dem Eintopf bei, dadurch wird er sämiger.

… mit grober oder feiner Rollgerste (Graupen)

120 g Rollgerste möglichst 1, am besten 10 Std. in
850 ml Wasser einweichen mit
7 Wacholderbeeren, 1 gr. Lorbeerblatt, 1 TL Liebstöckel.

Rollgerste im Einweichwasser sachte kochen:
feine: 10 Min., salzen, 30 Min. nachquellen lassen;
grobe: 20 Min., salzen, 3 Std. nachquellen.

Danach wie im Folgenden unter Zubereitung beschrieben weiterkochen.

Zubereitung
500 g Gemüse nach Wahl – «quer durch den Garten» – putzen: Sellerie (Knolle und Blattstiele), Möhren, Pastinaken, Wurzelpetersilie, Lauch, Kohlrabi, Wirsing, Blumenkohl, Bohnen, Erbsen, Strünke von Salat und Kohl (faserige Rinde abziehen).
Die «Reste» 25 Min. zu Gemüsebrühe auskochen.
Dazu 500 ml Wasser würzen mit
1 – 2 TL Senfkörner, 7 Wacholderbeeren, 1 gr. Lorbeerblatt, etwas Kümmel, Thymian, Bohnenkraut, Blätter von Sellerie und Liebstöckel.
Gemüsebrühe abseihen.
Gemüse klein schneiden, kalt in
3 EL Öl wenden, 1 Tasse Wasser zugeben, 20 – 30 Min. dünsten mit jeweils zum Gemüse passenden Gewürzen nach den Rezepten nachwürzen, zuletzt etwas Kräutersalz und die Gemüsebrühe zugießen.

Feinschmecker gießen das Gerstenwasser durch ein Sieb über das Gemüse und schwenken die Gerste einige Minuten in einem extra Topf in

70 g Butter bzw. Butterschmalz, würzen sie und vermischen sie erst jetzt mit dem Gemüse.

Eilige mischen sofort die Gerste samt Gerstenwasser unter das Gemüse und fügen die Butter zu.

Abschmecken mit gehackten frischen Kräutern, z.B. Petersilie, Kerbel, Liebstöckel, Schnittlauch, Dill, Majoran.

Thermo-Roggengrütze-Eintopf mit Gemüse – besonders herzhaft

100 – 120 g Thermo-Roggengrütze in
600 ml Wasser 10 Min. sachte kochen* mit
Kümmel, Thymian, 1 Lorbeerblatt, Wacholderbeeren.
½ – 1 Std. nachquellen lassen, mit Kräutersalz nachwürzen.
400 – 500 g Gemüse putzen: Möhren, Pastinaken, Lauch, Sellerie, Kohlrabi, eventuell Schwarzwurzel.
Die «Reste» zur Gemüsebrühe in gut
500 ml Wasser auskochen (20 – 30 Min.) mit
Kümmel, etwas Thymian, Lorbeerblatt, Senfkörner, Fenchel.
Abseihen.

Gemüse in feine Stifte schneiden, kalt in
3 EL Öl wenden, mit
1 Tasse Brühe und Gewürzen 25 Min. dünsten.

Würzen mit Liebstöckel, Dill, Fenchel, Selleriesalz.

Mit der Brühe auffüllen, vollends gar kochen. Die gut gewürzte Grütze zufügen, einmal aufkochen, wenn nötig verdünnen, nachwürzen.

Abrunden mit 50 – 70 g Butter, Butterschmalz, Leinöl oder Sahne; abschmecken und mit gehackten frischen Kräutern anrichten.

* Oder die Grütze mit Gewürzen vermischt im gut vorgewärmten Thermosgefäß überbrühen, 2 Std. oder länger nachquellen, salzen.

Reis-Eintopf mit Gemüse

Für diesen Eintopf eignet sich die Verwendung von Vollkornreis (Rundkornreis).
Vorschläge für zwei Gemüsemischungen mit dazu passenden Gewürzen.

Vorbereitung
90 – 120 g Rundkornreis mindestens 1, am besten 10 Std. in
650 ml Wasser einweichen mit
2 cm Ingwerwurzel, 1 Lorbeerblatt, 7 Wacholderbeeren,
nach dem Kochen mit Kräutersalz würzen.

Reis im Einweichwasser 20 Min. sachte kochen und mit
1 Zwiebel (gespickt mit 3 Nelken) 2 Std. nachquellen lassen.
400 – 500 g Gemüsemischung – wie unter a) oder b) auf Seite 128 vorgeschlagen – putzen.
«Reste» und die dazu passenden Gewürze in
600 ml Wasser 20 – 30 Min. zu Gemüsebrühe auskochen, abseihen.

Gemüse in feine Stifte schneiden (außer den Tomaten), in
3 EL Öl kalt wenden, mit ½ Tasse Brühe und Gewürzen 20 Min. dünsten, mit der Brühe auffüllen, Gemüse vollends gar kochen, den gut gewürzten Reis zufügen, einmal aufkochen, wenn nötig verdünnen, nachwürzen.

Abrunden mit wahlweise 50 – 70 g Butter, Butterschmalz, etwas süßer oder saurer Sahne; abschmecken.
Mit gehackten frischen Kräutern servieren.

Gemüsemischungen und dazu passende Gewürze

a) Rote oder gelbe Paprikaschoten, Zwiebeln, Zucchini, Tomaten.
Tomaten brühen, abziehen, klein schneiden, zuletzt zufügen, nicht kochen.

Gewürze für Brühe und Gemüse:
Ingwer (frisch gerieben) oder Koriander, reichlich Basilikum und Dill, etwas Estragon, eventuell Curry oder Paprika, eventuell etwas Knoblauch, Schnittlauch, Petersilie, Salz.

b) Möhren, Lauch, Sellerie, Wurzelpetersilie, Pastinake.

Gewürze für Brühe und Gemüse:
etwas Kümmel, Fenchel, Thymian mitkochen.
Liebstöckel, Stiele von Sellerie und Petersilie fein schneiden, 10 Min. durchziehen lassen. Selleriesalz, frische Petersilie.

Mais-Eintopf mit frischem und milchsaurem Gemüse

1 ¼ l Gewürzbrühe kochen mit
20 Wacholderbeeren, 2 – 3 cm Ingwerwurzel (zerschneiden), 1 gr. Lorbeerblatt, Stängel und Blätter von Estragon oder Dill.
15 Min. auskochen, abseihen.
Dieselben Gewürze nochmals mit
600 ml kaltem Wasser aufsetzen, 15 Min. kochen, abseihen.
Ca. 250 g Gemüse putzen, beispielsweise

50 g Zwiebel	oder	50 g Lauch
150 Pastinaken*	oder	150 g Zucchini
50 g Möhren	oder	50 g Tomaten

in Stifte schneiden, in
2 EL Öl wenden, mit der Brühe auffüllen, erhitzen,
100 – 120 g Maisgrieß (grob) mit dem Schneebesen einrühren, 30 – 40 Min. sachte kochen.

Würzen mit Dill, Estragon, Curry, eventuell nochmals Ingwer, Salz, Löffelkraut.
300 g milchsaure grüne Bohnen klein schneiden, zufügen, eventuell auch einige milchsaure Zwiebeln, nicht mehr kochen, nur durchziehen lassen.

Abrunden mit 4 – 6 EL Leinöl oder Butter; abschmecken, eventuell nachwürzen.

* Ersatzweise Weißkohl oder Wirsing verwenden.

Buchweizen-Eintopf mit Gemüse

Aus Grütze oder ganzen Körnern – gedarrt besonders herzhaft.
Vorschläge für 4 Gemüsemischungen mit dazu passenden Gewürzen.

400 – 500 g Gemüsemischungen – wie unter a), b), c) und d) vorgeschlagen – putzen. «Reste» und die dazu passenden Gewürze in
1 ¼ l Wasser 20 – 30 Min. zu Gemüsebrühe auskochen, abseihen.
Gemüse in feine Stifte schneiden, in
3 EL Öl kalt wenden, mit ½ Tasse Brühe und den Gewürzen 20 Min. dünsten, mit der restlichen Brühe auffüllen, vollends gar kochen.
90 – 140 g Buchweizen bzw. -grütze hineinrühren (je mehr Gemüse, umso weniger Buchweizen), 20 – 30 Min. kochen, würzen, 10 Min. durchziehen lassen, wenn nötig mit Brühe verdünnen.

Abrunden mit 50 – 70 g Butter, Butterschmalz; abschmecken, eventuell nachwürzen und mit gehackten frischen Kräutern, Käse, Sesam oder Kräutersalz anrichten.

Gemüsemischungen und dazu passende Gewürze

a) Sellerie, Möhre, Wurzelpetersilie, Lauch, Pastinake, Kohlrabi.

Gewürze für Brühe und Gemüse:
Fenchel, Liebstöckel, etwas Kümmel und Thymian, Dill, frischer Kerbel, Petersilie, Sellerie- oder Kräutersalz.

b) Wirsing oder Weißkohl, Möhre, Zwiebel, Pastinake.

Gewürze für Brühe und Gemüse:
Senfkörner (ruhig reichlich), Lorbeerblatt, Wacholderbeeren, Majoran, etwas Pfefferminze, Dill, Brennnessel, Schnittlauch, Kräutersalz.

c) Grüne Bohnen, Zwiebeln, rote Paprika oder Möhre.

Gewürze für Brühe und Gemüse:
Bohnenkraut, Basilikum, Dill, Majoran, Petersilie, Kräutersalz.

d) Grüne Erbsen, Möhren, Kohlrabi oder Blumenkohl.

Gewürze für Brühe und Gemüse:
Fenchel, etwas Koriander, Liebstöckel, Dill, Petersilie oder Kerbel.

Grünkern-Eintopf mit Gemüse

Aus Grütze* oder gekochten ganzen Körnern.
Vorschläge für 3 Gemüsemischungen mit dazu passenden Gewürzen.

120 g Grünkerngrütze möglichst 1 Std. in
200 ml Wasser einweichen.**
400 ml Wasser erhitzen, die Grütze einrühren, 5 Min. mit den unter a), b), c) angegebenen Gewürzen sachte kochen, 40 Min. nachquellen lassen.

*Möglichst selbst frisch schroten, das feine Mehl für gebundene Suppen absieben.
**Oder die Grütze mit Gewürzen und Salz mischen, in gut vorgewärmtem Thermosgefäß mit 600 ml Wasser überbrühen, sofort verschließen, 2 Std. oder länger quellen lassen.

Ca. 500 g Gemüsemischung – wie unter a), b), c) vorgeschlagen – putzen, «Reste» und die dazu passenden Gewürze in
750 ml Wasser 20 – 30 Min. zu Gemüsebrühe auskochen, abseihen.
Gemüse (außer den Tomaten) in feine Stifte schneiden, in
3 EL Öl kalt wenden, mit ½ Tasse Brühe und den Gewürzen 20 Min. dünsten, mit der Brühe auffüllen, vollends gar kochen.
Die gut gewürzte Grütze zufügen, einmal aufkochen.
Eventuell vorgesehene Tomaten brühen, abziehen, klein schneiden, mit durchziehen lassen; wenn nötig den Eintopf etwas verdünnen und nachwürzen.

Abrunden mit 50 – 70 g Butter, Butterschmalz oder 4 EL Leinöl; abschmecken und mit gehackten frischen Kräutern anrichten.

Gemüsemischungen und dazu passende Gewürze

a) Grüne Bohnen, Zwiebeln, Möhren und Tomaten.

Gewürze für Brühe, Grütze und Gemüse:
viel Basilikum und Dill, etwas Bohnenkraut und Thymian, Majoran, Kräutersalz, 1 Pr. Cayenne.

b) Mangoldstiele, Wirsing oder Kohlrabi, eventuell einige grüne Bohnen, Zwiebeln, Möhren oder Tomaten.

Gewürze für Brühe, Grütze und Gemüse:
1 gr. Lorbeerblatt, Senfkörner, etwas Thymian, viel Dill, Liebstöckel und Petersilie, Kräutersalz, eventuell Muskatnuss.

c) Zucchini, rote oder gelbe Paprika, Zwiebeln, Tomaten.

Gewürze für Brühe, Grütze und Gemüse:
1 gr. Lorbeerblatt, reichlich Basilikum, Majoran und Dill, etwas Rosmarin, Paprika und Ingwer oder Koriander, eventuell etwas Knoblauch, Kräutersalz.

Rote-Bete-Eintopf (Borschtsch)

Dieser Eintopf ist eine Abwandlung des klassischen russischen Borschtsch.

450 g Rote Bete, ca. ein ⅓ Liter davon zurücklegen zum Reiben,
30 g Wurzelpetersilie (notfalls durch Sellerie ersetzen),
150 g Sellerieknolle,
80 g Möhren,
100 g Zwiebeln oder Lauch,
200 g Weißkohl oder Wirsing putzen bzw. schälen.

Die «Reste» 20 – 30 Min. zur Gemüsebrühe auskochen in
1 l Wasser mit
1 Lorbeerblatt, 12 Wacholderbeeren, 1 Stck. Ingwer, 4 Nelken, ½ TL Koriander, 1 TL Kümmel, ½ TL Anis, 4 Pimentkörner.
Abseihen, ⅔ Liter der Rote Bete in feine Stifte schneiden bzw. raffeln,
in 4 EL Öl kalt wenden,
mit 4 EL Wasser 20 Min. dünsten.
Währenddessen das übrige Gemüse ebenso fein schneiden, auch in

2 EL Öl wenden, noch 20 Min. mit den Rote Bete zusammen dünsten, mit der Brühe auffüllen, in ca. 10 Min. gar kochen.
Währenddessen die zurückgelegten Rote Bete sehr fein reiben und in ½ Liter. kaltem Sauerkrautsaft ca. 10 Min. ziehen lassen – ersatzweise in 3 – 4 EL Molkosan mit etwas Wasser verdünnt.

Abschmecken mit
1 – 2 TL Meerrettich, frisch bzw. gute Qualität,
80 – 100 g Tomatenmark oder 3 TL Gemüsebrühe,
2 EL Leinöl oder Butter und
⅛ l saure Sahne.

Die geriebenen Rote Bete zufügen, pikant nachwürzen mit:
1 – 2 TL Selleriesalz, ½ – 1 TL Ingwer (frisch gerieben) 2 Zehen Knoblauch bzw. Knoblauchpulver, ½ TL Kümmel, ½ TL Koriander, ½ TL Honig, eventuell Molkosan.

Anrichten mit reichlich Schnittlauch oder einigen Walnusshälften, evtl. auch etwas würzigem Käse.

Dazu gehört eine Getreidebeilage – Getreideeinlage würde das Gericht dick machen. Farblich passt Hirse in jeder Form besonders schön dazu, außerdem Roggen-Thermo- oder Grünkerngrütze; außerdem Suppenklößchen, Knäcke- und Knabberbrot oder Kümmelschnitten.

Obst-Suppen

Obst-Suppen

Obstsuppen sind zu jeder Jahreszeit ein beliebtes Abendessen.

Im Frühjahr regt eine Rhabarber- oder Holundersuppe den trägen Stoffwechsel zur Entschlackung an, die bekannte Frühjahrsmüdigkeit wird durch die belebende Kraft einer Schlehensuppe leichter überwunden.

Im Sommer wirken kühle, säuerliche Suppen besonders erfrischend: aus Sauerkirschen, Stachelbeeren, Rhabarber, Pflaumen.

Im Herbst schützt eine heiße Brombeersuppe oder eine Hagebuttensuppe vor Erkältung. Gern verwendet man jetzt gemischtes Fallobst, etwa Äpfel, Birnen, Quitten, Zwetschgen.

Im Winter, besonders an kalten Tagen, lässt man sich gern wohlig durchwärmen, insbesondere von einer heißen Suppe aus schwarzen Holunderbeeren.

Allgemeine Hinweise

Als Abendessen für 4 Personen braucht man 1 – 1 ¼ Liter Suppe, man rechnet dafür wahlweise:
300 – 550 g frisches Obst,
125 – 170 g Trockenobst, d.h. von Hagebutten 125 g, von Aprikosen ohne Stein 130 g, von gemischtem Obst 170 g; jeweils 12 Std. einweichen
ca. 400 ml Muttersaft (von verdünntem Saft entsprechend mehr),
300 – 600 g Fruchtmark.

Gegebenenfalls wird als Suppengrundlage ein Tee aus Schalen, Kerngehäusen und Gewürzen einschließlich einigen Steinen des Steinobstes gekocht.
Zuletzt kann die Suppe auf 1 – 1 ¼ Liter aufgefüllt werden.

Zum Binden einer Suppe (1 – 1 ¼ Liter) aus Obst oder Fruchtmark gibt es folgende Möglichkeiten:
25 – 30 g **Vollgrieß,** anrühren mit
150 ml Wasser. In Obstsaft oder Tee 5 Min. köcheln, 20 Min. nachquellen lassen.
2 – 3 g **Agar-Agar,** anrühren mit
150 ml Wasser, bei 60 – 100 °C ca. 10 Min. in der Suppe quellen lassen.
25 – 30 g **Tapioka,** 1 Std. einweichen in
150 ml Wasser, im Obstsaft oder Tee 10 Min. köcheln, 20 – 30 Min. nachquellen lassen, bis sie glasig ist.

Zum Binden einer Suppe (1 – 1 ¼ Liter) aus Obstsaft:
40 g **Vollgrieß** – macht die Suppe trüb. Zubereitung wie zuvor.
4 ½ g **Agar-Agar** – lässt die Suppe klar. Zubereitung wie zuvor.
40 g **Tapioka** – lässt die Suppe klar. Zubereitung wie zuvor.

Zum Anrichten wahlweise:
Vollkornzwieback, Suppeneinlagen wie für Gemüsebrühen hergestellt, jedoch mit den für Obstsuppen angegebenen Gewürzen; außerdem passen dazu Hirseklöße, Quarknussklöße, süße Schnitten aus verschiedenen Getreidearten, Grießflammeri oder leicht süßes Gebäck wie Hirsemakronen oder Ähnliches.

Apfel- oder Rhabarber-Brot-Suppe – heiß oder kalt

200 g Vollkornbrotreste – sehr trocken nur 100 g – einige Stunden mit einem Teller beschwert einweichen in
¾ l Wasser mit
½ Stange Zimt, ½ Stange Vanille (aufgeschlitzt), Zitronen- oder Orangenschale, 3 Nelken, ½ TL Korianderkörner, 1 Sternanis würzen.
Alles 15 Min. auskochen, durch ein Drahtsieb bzw. die «Flotte Lotte» streichen. Die im Sieb verbleibenden Gewürze nochmals auskochen mit dem klein geschnittenen Obst:
300 g Äpfel oder Rhabarber mit Schalen und Kerngehäusen in
¾ l Wasser, anschließend durchs Sieb streichen,* mit dem durchgestrichenen Brot mischen, süßen und mit den genannten, nun aber gemahlenen Gewürzen nachwürzen.

Süßen mit 150 g Rosinen oder klein geschnittene Datteln bzw. Feigen zufügen, nochmals erhitzen.

Abrunden und abschmecken mit wenig Salz, etwas Apfel-Dicksaft und Zitronensaft, 1 EL Rübensirup. Zu starke Säure des Rhabarbers lässt sich durch etwas Sahne oder Milch mildern.

Diese Suppe lässt sich heiß oder kalt genießen.

* Es ist nicht ratsam, Brot und Obst zusammen aufzukochen, weil es sich dann schwer durchs Sieb streichen lässt.

Holunder-Suppe

Für die Holunder-Suppe werden die schwarzen Beeren (von Sambucus niger)* verwendet. Die nachfolgenden Mengenangaben ergben 1 ¼ Liter Suppe.

Ein Bindemittel (siehe Seite 139) in
150 ml Wasser einweichen bzw. einrühren.
140 g Äpfel schälen. Aus Schalen und Kerngehäuse Apfeltee (10 – 20 Min.) mit 600 ml Wasser (soll 500 ml Tee ergeben) und
reichlich Anis, Zimt, Vanille, Ingwer, etwas Zitronen- oder Orangenschalen (naturbelassen) kochen.
Äpfel in feine Stücke schneiden, in Zitronensaft wenden und ½ Std. durchziehen lassen.

Den Apfeltee mit
350 ml Holundersaft erhitzen. Das Bindemittel und zuletzt die Apfelstückchen darin garen.
60 – 100 g Feigen- oder Dattelmark mit etwas heißer Suppe anrühren und dazugeben.

Abschmecken mit 2 – 3 EL Apfel-Birnen-Dicksaft, 1 – 2 EL Zitronensaft (ersatzweise Molkosan), leicht salzen, nach Wunsch etwas Milch oder süße Sahne zufügen, nochmals abschmecken.
Heiß anrichten – schmeckt aber auch kalt sehr gut.

*Holunderbeeren nicht roh essen, unreife Beeren und Stiele entfernen, sie verderben den Geschmack. Unreife Beeren, reife Kerne, Blüten und Blätter enthalten Sambunigrin, das Übelkeit hervorruft, aber durch Kochen zerstört wird.

Hagebutten-Suppe

Die nachfolgenden Mengenangaben ergeben 1 – 1 ¼ Liter Suppe.

300 g Hagebutten (möglichst große Früchte, sonst 500 g) – entkernen, Härchen abwaschen, in
1 ¼ l Wasser kalt aufsetzen, weich kochen mit
Zitronenschale, etwas Vanille und Anis.
Durch ein Drahtsieb oder den «Wolf» passieren, binden* (am besten mit Vollgrieß, siehe Seite 139), mit Apfel- oder Birnen-Dicksaft bzw. Ahornsirup süßen.

Abschmecken mit Zitronensaft, etwas Salz und obigen Gewürzen.

Diese Suppe lässt sich kalt oder warm genießen.

* Abmessen: Flüssigkeit, die bis 1 ¼ Liter fehlt, durch Wasser beim Anrühren des Bindemittels ersetzen.

Schlehen-Suppe

Diese Suppe wird wie die Holunder-Suppe von Seite 142 zubereitet: selbst hergestellten Schlehensaft, Elixier oder Süßmost je nach Konzentration mit Apfelschalentee verlängern, zum Süßen eventuell einige Feigen mit erhitzen, leicht süß-sauer mit Apfel- bzw. Birnen-Dicksaft oder Vollrohrzucker abschmecken. Einige Apfelschnitze in der Suppe garen lassen.

Heiß oder kalt servieren. Die Schlehen-Suppe jedoch ohne Milch oder Sahne abrunden, da beides ausflockt.

Birnen-Suppe

Die nachfolgenden Mengenangaben ergeben 1 bis 1 ¼ Liter Suppe.

Hierfür lassen sich auch weiche Birnen verwenden.

20 – 25 g Vollgrieß mit
150 ml Wasser anrühren,
500 g Birnen und
50 g Äpfel klein schneiden, in
600 ml Wasser weich kochen mit
Anis, Koriander, Ingwer, Zimt, Vanille, Zitronen- oder Orangenschale, 3 Nelken.

In einem Sieb abtropfen lassen, im abgelaufenen Saft den angerührten Grieß 5 Min. kochen, 20 Min. nachquellen lassen.
Das Obst durchpassieren, mit dem Grieß mischen und außerdem
4 EL Milch und 20 g Butter (oder 4 EL süße Sahne)
1 – 2 EL Birnen- oder Apfel-Dicksaft, eventuell
1 – 2 EL Ahornsirup oder ca. 100 g Rosinen hinzufügen.

Abschmecken süß-säuerlich mit
1 – 2 EL Zitronensaft (ersatzweise Molkosan), leicht salzen, eventuell nachwürzen.

Heiß anrichten mit gerösteten Brotbröckchen – so entfaltet diese Suppe ihren vollen Geschmack; oder mit gequollenen Rosinen überstreuen.

Apfel-Suppe

Diese Obst-Suppe wird wie die Birnen-Suppe zubereitet. Die Birnen werden durch die Gesamtmenge an Äpfel ersetzt.
Zudem werden die 550 g Äpfel nicht passiert.

16 OZ
1 PINT
2/3
12
1/3
8
1CUP
2/3
4
1/3

Abkürzungen und Maßangaben

EL	= Esslöffel (man schöpft so viel aus dem Behälter, wie bequem auf dem Löffel bleibt)
geh.	= gehäuft
gem.	= gemahlen
gestr.	= gestrichen den gefüllten Löffel mit einem Messerrücken glatt streichen
l	= Liter = 1000 ml
Msp.	= Messerspitze eines Speisemessers – kein spitzes Küchenmesser
Pr.	= Prise, die Menge, die man zwischen zwei Fingern nimmt
TL	= Teelöffel (man schöpft so viel aus dem Behälter, wie bequem auf dem Löffel bleibt)

Das Fassungsvermögen der hier benutzten Löffel und Tassen
(zum Vergleich mit den eigenen Löffeln und Tassen zu Hause)

1 TL Salz	8 g	1 EL Salz	15 g
1 TL Vollgries	5 g	1 EL Vollgries	12 g
1 TL Maisgrieß	6 g	1 EL Maisgrieß	13 g
1 TL Weizenschrot	4 g	1 EL Weizenschrot	11 g
1 TL feine Haferflocken	3 g	1 EL feine Haferflocken	7 g
1 TL gem. Anis	2 ½ g	1 EL gem. Anis	4 g
		1 EL Wasser	10 g
		1 EL Öl	8 g

1 Tasse (randvoll) 200 g
1 Tasse (servierfähig) 120 g
1 l Wasser wiegt 1 kg oder 1000 g (das gilt in der Regel nur für Wasser)

Mengen- und Zeitangaben für gebundene und sämige Getreidesuppen

Man erhält ca. 1 Liter Suppe. Die Quellfähigkeit des Getreides kann variieren. Mehlfeines und grießartiges Getreide im kalten Einweichwasser anrühren.

Getreidemenge für 1 Liter Flüssigkeit (Angaben in Gramm)		Getreide	Einweichen in ca. 200 ml Wasser	Kochen in gut 800 ml Flüssigkeit	Nachquellen
gebunden	sämig	mehlfein oder grießartig	Stunden	Minuten	Stunden
40 – 50	65 – 70	Buchweizen*		5	½
40 – 50	60 – 80	Dinkel	1 – 10	5	½ – 2
50 – 60	80 – 100	Gerste	1 – 10	10	1 – 2
30 – 40	50 – 55	Gerstenflocken	1 – 3	10	1 – 5
40 – 45	60 – 70	Graupen fein	½	10	½ – 1
	40 – 50	Graupen grob**	1 – 10	30	1 – 3
35 – 45	60 – 70	Grieß mit Schalenteilen	½	10	½
40 – 50	65 – 75	Grünkern	½	5	½ – 2
30 – 45	50 – 60	Haferflocken fein	½ – 1	5	½ – 2
30 – 35	70 – 80	Hirse	½	5	½
40 – 50	80 – 90	Maisgrieß	½ – 1	10	1 – 2
60 – 80	80 – 200	Roggen	1 – 10	10 – 30	1 – 2
50 – 55	90 – 100	Vollreis	¼ – ½	10 – 30	½ – 2
50 – 60	80 – 90	Weizen	1 – 10	10 – 20	1 – 2
40 – 45	60 – 70	Weizenflocken	1 – 3	10	1 – 5
40		Tapioka***	½ – 1	10	½ – 1
		Thermo-Getreide****	½	10	½ – 2

* Ein Könterichgewächs, Nährwert und Verwendung wie Getreide.
** Unzerkleinert für Eintopfgerichte; auch Rollgerste.
*** Stärkereiches Bindemittel aus der Wurzel des Maniokbaumes.
**** Jeweils etwas weniger als vom entsprechenden Getreide.

Suppenregister

A

B

C

E

F

G

H

I

K

T

W

192 Seiten, durchgeh farbig, geb.
ISBN 978-3-7725-2521-6

«Carolyn und Chris Caldicott sind im Auftrag der Royal Geographical Society, der BBC und der Times bis ans Ende der Welt gereist. Wie die alten Entdecker haben sie sich ins Abenteuer der Genüsse gestürzt, die buntesten Rezepte erbeutet (112 an der Zahl) und ihre vegetarischen Leidenschaften mit erhellenden Reiseberichten garniert: Ein Linsen-Reis-gericht vom Annapurna, ein Regenwaldgemüse aus Borneo mit Kurkuma, Mandeln und Blumenkohl. Ein dunkelrotes Gemüse aus Rajasthan wird in einer Mohnsoße serviert, von Auberginen in einer Soße aus pürierten Datteln haben wir noch nie gehört, geschweige denn gegessen. So schmeckt die Welt …
Dieses kleine Kochbuch kann zaubern. Es verwandelt unsere Teller in ein einzigartiges, wohlschmeckendes Abenteuerland.»

Frank Brunner, Deutsches Institut für Koch- und Lebenskunst

Verlag Freies Geistesleben

Klare Kräuter- und Gemüsebrühe Fenchel-Suppe mit Supp

Spinat-Suppe Comfrey-/Beinwell-Suppe Wildkrä

Wildkräuter-Suppe mit Dinkel- und Gerstenfeinschrot Bren

Kerbel-Suppe Fenchel-Buttermilch-Suppe Gr

Bohnenkraut-Hafer-Suppe

Sellerie-Gerstenschrot-Suppe Salat-Suppe Löw

Sauerkraut-Suppe mit Buchweizen Blumenkohl-Sup

Gurken-Suppe mit Weizenfeinschrot Kürbis

Rote-Bete-Roggen-Suppe Buchweizen-Suppe Curr

Majoran-Suppe mit Gerste und Äpfeln Einbrenn-Suppe – geröstete

Suppe für Eilige Reis-Eintopf mit Sauerk

Gersten-Eintopf mit Gemüse Thermo-Roggengrütze-Eintopf

Buchweizen-Eintopf mit Gemüse Grünkern-Eintopf mit Gemüse Rot

Holunder-Suppe Hagebutten-Suppe